CITOYEN EN CLASSE FREINET
Journal d'une classe coopérative

site : www.librairieharmattan.com
e.mail : harmattan1@wanadoo.fr

© L'Harmattan, 2005
ISBN : 2-7475-9205-7
EAN : 9782747592055

Dominique TIBERI

CITOYEN EN CLASSE FREINET
Journal d'une classe coopérative

Préface de Jean Le Gal

L'Harmattan
5-7, rue de l'École-Polytechnique ; 75005 Paris
FRANCE

L'Harmattan Hongrie	**Espace L'Harmattan Kinshasa**	**L'Harmattan Italia**	**L'Harmattan Burkina Faso**
Könyvesbolt	Fac..des Sc. Sociales, Pol. et	Via Degli Artisti, 15	1200 logements villa 96
Kossuth L. u. 14-16	Adm. ; BP243, KIN XI	10124 Torino	12B2260
1053 Budapest	Université de Kinshasa – RDC	ITALIE	Ouagadougou 12

Mouvement des savoirs
Collection dirigée par Bernard Andrieu

L'enjeu de la collection est de décrire la mobilité des Savoirs entre des sciences exactes et des sciences humaines. Cette sorte de mobilogie épistémologique privilégie plus particulièrement les déplacements de disciplines originelles vers de nouvelles disciplines. L'effet de ce déplacement produit de nouvelles synthèses. Au déplacement des savoirs correspond une nouvelle description.

Mais le thème de cette révolution épistémologique présente aussi l'avantage de décrire à la fois la continuité et la discontinuité des savoirs :
un modèle scientifique n'est ni fixé à l'intérieur de la science qui l'a constitué, ni définitivement fixé dans l'histoire des modèles, ni sans modifications par rapport aux effets des modèles par rapport aux autres disciplines (comme la réception critique, ou encore la concurrence des modèles). La révolution épistémologique a instauré une dynamique des savoirs.

La collection accueille des travaux d'histoire des idées et des sciences présentant les modes de communication et de constitution des savoirs innovants.

Déjà parus

Mohsen SAKHRI, *Poincaré, un savant universel*, 2005.
Véronique BARTHELEMY, *Histoire de la vie scolaire*, 2005.
Laurent MESLET, *Le psychisme et la vie, la philosophie de la nature de Raymond Ruyer*, 2005.
Bernard ANDRIEU (Sous la direction de), *Expérimenter pour apprendre*, 2005.
Olivier SIROST (Sous la dir.), *Le corps extrême dans les sociétés occidentales*, 2004.
Paulette ROZENCWAJG, *Pour une approche intégrative de l'intelligence*, 2004.
Fabien DWORCZAK, *Neurosciences de l'éducation. Cerveau et apprentissages*, 2004.
Antoine ZAPATA, *L'épistémologie des pratiques. Pour l'unité du savoir*, 2004.
Stéphane HÉAS, *Anthropologie des relaxations*, 2004.

Sommaire

Préface de Jean Le Gal — p. 7

1. Il était une fois… — p. 27
2. Coopérer. — p. 35
3. Architecture de la classe — p. 43
4. Quoi de neuf ? — p. 53
5. Le réseau d'entraides — p. 63
6. Des lois et des règles — p. 71
7. Une sanction éducative ? — p. 79
8. Violences quotidiennes — p. 89
9. Approprier l'espace — p. 95
10. Intégration — p. 103
11. A partir d'un malentendu — p. 113
12. Une éducation au travail — p. 125
13. Maître en difficulté — p. 129
14. En conclusion — p. 137

Bibliographie — p. 141

PREFACE

La citoyenneté à l'école

Choisir de donner aux enfants les moyens d'exercer leur citoyenneté à l'école, en s'appuyant sur ses convictions philosophiques, politiques et éducatives, implique, pour un éducateur, de devoir justifier ses choix théoriques et pratiques, car l'éducation à la citoyenneté est toujours en débat.

Des lois de 1882-1887 aux textes actuels sur les finalités de l'école, une de ses missions fondamentales est de former des citoyens. Mais quels citoyens veut-elle former ?

En faisant le choix d'une pédagogie coopérative, Dominique Tiberi s'est placé dans la filiation des pionniers de l'Education Nouvelle et de la coopération à l'école, et particulièrement de Freinet. Il se situe donc dans une histoire qui peut nous permettre de mieux comprendre les principes, les valeurs, la place donnée aux enfants et les institutions qui fondent la classe coopérative. Mais aussi d'éclairer ce que veut dire "exercer leur citoyenneté" dans l'école d'aujourd'hui.

Durant des siècles, l'éducation à l'école a eu pour objectif de moraliser les enfants des pauvres, de leur apprendre la soumission, de leur transmettre la foi, d'en faire des sujets obéissants. La Révolution de 1789, les cahiers de doléances, la révolte de 1848, la Commune de 1870, avaient montré l'aspiration du peuple à une participation réelle à la vie sociale. Les militants ouvriers et les théoriciens révolutionnaires appelaient à la création d'une école qui, par l'instruction, allait permettre l'émancipation du prolétariat.

Les lois scolaires de 1882 en instituant l'enseignement primaire obligatoire, gratuit et laïque répondaient à ces aspirations affirmées depuis un siècle mais cette école, arme du régime républicain contre ses adversaires, était aussi un moyen d'empêcher le développement des idées révolutionnaires dans le prolétariat, en inculquant aux enfants les valeurs morales de la classe bourgeoise dominante. Les leçons d'instruction civique avaient pour objectif d'apprendre au futur citoyen ses devoirs plus que ses droits et le respect de la hiérarchie sociale. Les élèves devaient connaître d'abord les institutions politiques républicaines et leurs obligations : obligation scolaire, impôt, service militaire. "L'Etat se doutait bien que le meilleur "four à citoyens dociles" serait encore l'école primaire" n'hésitait pas à écrire, en 1909, la revue satirique l'*Assiette au beurre*"[1]. Les instituteurs progressistes et révolutionnaires ont contesté cette éducation à la soumission et à l'obéissance. Les luttes ont donc commencé autour de la question, que le Bureau International d'Education reposera en 1995 : "quelle éducation pour quelle citoyenneté ?"[2], montrant ainsi que la citoyenneté est un concept en construction permanente et que nul ne peut prétendre en détenir la définition.

Après les massacres de la guerre de 14-18, le patriotisme belliqueux a dû faire place à l'esprit de paix. L'éducation morale et civique devait donc être transformée car il n'était plus possible d'exiger des citoyens le respect de devoirs et d'obligations sans garantir l'exercice des droits et des libertés.

C'est dans ce contexte que Barthélemy Profit, un inspecteur primaire, allait demander aux enfants des écoles de sa circonscription de constituer des "sociétés amicales, dites coopératives scolaires" qui leur permettraient de participer à l'effort de rénovation matérielle de leur école. Devenus acteurs de la transformation du milieu dans lequel ils vivaient, engagés dans des projets collectifs qui impliquaient débats et prises de responsabilités, les enfants se sont exercés à la pratique de la liberté et d'une citoyenneté responsable.

---

[1] *L'Assiette au beurre*, "Le maître d'école, caporal de la troisième République", Décembre 1909
[2] "Quelle éducation pour quelle citoyenneté?" *Innovation en Education*, 82, mars 1995, B.I.E. Genève

Education morale, sociale et civique, l'école passait de *"la monarchie absolue à la république"* constatait Profit.

Allant dans le même sens, les Instructions Officielles de 1923 ont incité les instituteurs à *"multiplier les circonstances où l'enfant aura l'occasion de prendre une décision soit par lui-même, soit de concert avec ses camarades... Il ne s'agit plus seulement de diriger ses habitudes, il y a lieu de lui apprendre à user de sa liberté..."*

Parallèlement, l'Education Nouvelle s'était développée dans plusieurs pays. Pour Montessori, Dewey, Decroly, Claparède, Ferrière... l'enfant est une personne. Il faut tenir compte de ses besoins, de ses intérêts, et mettre en place les conditions qui lui permettront de construire ses apprentissages et de vivre pleinement sa vie d'enfant. Mais Dewey[3] critique aussi fermement l'école traditionnelle *"parce qu'elle habitue l'enfant à la docilité et à l'obéissance"*. Pour lui, *"les enfants des écoles doivent jouir de la liberté afin que le jour où ils contrôleront le pays, ils sachent faire usage de cette liberté..."* Depuis la fin du 19e siècle, des communautés d'enfants s'étaient créées. Les enfants pouvaient y exercer une réelle participation à la gestion des activités et de la vie communautaire. En présentant le régime démocratique de la "Libre communauté scolaire" d'Odenwald, créée par Paul Geheeb, en Allemagne, avant la première guerre mondiale, Ferrière[4] n'hésite pas à parler « d'élèves citoyens ». L'assemblée générale de l'école, composée des élèves, des maîtres et du personnel, est le forum d'une petite république. Elle se réunit chaque semaine. C'est un élève qui la préside. Elle est maîtresse absolue de l'organisation collective. C'est devant elle que sont apportées toutes les idées importantes non seulement celles qui intéressent directement l'organisation de la petite communauté scolaire, mais celles

---

[3] DEWEY J., *Démocratie et éducation*, Paris, Colin, 1975 (1^{ère}édition en 1916)

[4] FERRIERE Adolphe, *L'autonomie des écoliers dans les communautés d'enfants*, Neuchâtel, Delachaux et Niestlé, 1950 (1^{ère}édition en 1921)

qui préoccupent tout le monde : actualité politique, problèmes économiques, questions de psychologie et de philosophie. Les groupes d'étude y rendent compte de leur travail. Les maîtres donnent un aperçu des buts poursuivis et de la méthode employée. Les problèmes de discipline y sont étudiés.

En même temps que l'Education Nouvelle se construit l'école socialiste[5] avec les expériences de Paul Robin, Thomas Faure, Francisco Ferrer, Pistrak, les Maîtres camarades de Hambourg... La pédagogie de l'Ecole Moderne française, à laquelle se réfère Dominique Tiberi dans son organisation coopérative, se situe bien dans ce grand courant dont nous pouvons retenir quelques points communs :

1. la nécessité d'élever le niveau intellectuel des travailleurs du peuple, de leur faire acquérir des connaissances scientifiques et les derniers acquis de la civilisation, en s'appropriant et en adaptant toutes les innovations pédagogiques et les apports des technologies nouvelles;
2. la liaison entre les apprentissages scolaires et des activités concrètes dont les élèves perçoivent l'utilité et le sens;
3. l'ouverture de l'école sur le milieu social et économique ;
4. la nécessité de l'auto organisation des élèves face à un collectif d'enseignants et la possibilité, pour eux, de participer réellement aux décisions concernant le travail et l'organisation de l'école.

Les travaux menés par Pistrak[6] se centrent déjà sur deux grands champs qui continuent d'être l'objet de nos réflexions et de nos pratiques : la mise en place de structures participatives et la justice à l'école.[7] On voit bien aussi dans l'expérience de Dominique Tiberi, dans sa classe coopérative, la place donnée aux institutions qui permettent la libre

---

[5] VOGT Christian, *L'Ecole socialiste,* Editions du Scarabée, 1973
[6] PISTRAK, M.M. *Les problèmes fondamentaux de l'école du travail,* Paris, Desclée de Brouwer, 1973 (1^{ère}édition en 1925)
[7] LE GAL Jean, *Les droits de l'enfant à l'école. Pour une éducation à la citoyenneté,* Bruxelles, DeBoeck-Belin, Coll. Comprendre, 2002

expression des enfants et leur participation à la vie de la classe, et celle qu'occupe l'élaboration des règles, les infractions et les interrogations sur la sanction. C'est pourquoi, il est important de s'arrêter sur les réflexions de Pistrak et ensuite sur celle de Freinet, car elles peuvent encore nous éclairer dans les décisions à prendre aujourd'hui.

L'expérience de Pistrak se déroule en Union Soviétique dans les premières années de la révolution. Les pédagogues novateurs, Makarenko, Blonskij, Chatsy, Pistrak... ont carte blanche pour mettre en place l'Ecole du Travail. Ils connaissent les expériences déjà menées en Europe, celles de l'Education Nouvelle et celles de la Pédagogie libertaire. Ils ont parfaitement compris qu'il ne pouvait y avoir " coopération " sans appropriation par les élèves et les enseignants des moyens de l'enseignement et sans un contrôle collectif des pratiques éducatives. L'école doit être le lieu et le centre de la vie des enfants et non seulement le lieu de leur instruction.

Pour Pistrak, chaque membre de la société a non seulement le droit mais l'obligation de participer à sa construction. Et cela nécessite le développement de trois qualités :
- l'aptitude à travailler collectivement et à trouver sa place dans une oeuvre collective;
- l'aptitude à aborder chaque problème nouveau en organisateur;
- l'aptitude à créer des formes nouvelles de travail.

L'aptitude à travailler collectivement signifie, pour lui, qu'on sait diriger quand il le faut et obéir quand il le faut. Il en déduit un principe d'organisation et de formation sociale et politique que nous avons fait nôtre tant pour l'organisation de la classe coopérative que pour les expériences de démocratie participative : "chaque membre de la collectivité doit pouvoir administrer quand cela est nécessaire et quand il le faut, obéir et rester dans le rang". Donc dans l'auto organisation des enfants, tous, dans la mesure du possible, occupent successivement toutes les places, les postes dirigeants comme les postes subordonnés. Si les enfants les plus actifs et les plus capables sont constamment réélus pour assumer les responsabilités importantes, il se forme une "élite de spécialistes" qui exécutent tout le travail tandis que la masse enfantine demeure passive et perd toute initiative.

L'assemblée générale des enfants est l'expression de plus élevée de la collectivité enfantine. C'est elle qui est l'institution principale de l'auto organisation. Gérant les activités, elle aura aussi à examiner toutes les questions qui surgissent, les conflits, tous les cas de violation des règles. Mais Pistrak s'interroge. L'assemblée générale, en examinant tel ou tel délit, prononce son verdict, inflige telle ou telle punition. Est-ce un procédé admissible ? Que penser de la punition ? D'autre part, comment combattre les délits qui entravent la marche normale de la vie scolaire ? En général, doit-on punir ?

"Nous avons définitivement renoncé à la punition en tant que telle, c'est-à-dire au châtiment infligé pour un délit commis...Mais en renonçant au système de punitions, nous ne pouvons pas, dans l'état actuel de l'école, renoncer aux mesures nécessitées par l'action pédagogique à propos de tel ou tel délit de l'élève, violation de la discipline ou infraction au régime." Mais quelles solutions adopter ?

Le problème est difficile à résoudre. Pour Pistrak le régime scolaire doit prendre place au nombre des préoccupations collectives des enfants, doit être créé en grande partie par eux-mêmes, ainsi ils sentiront et comprendront la responsabilité qui leur incombe dans sa mise en vigueur. Ils doivent participer à l'élaboration des lois de la collectivité et à la recherche des solutions aux problèmes. Les enseignants doivent accompagner ce processus d'autonomisation, avec attention et vigilance car il ne s'agit pas d'accepter des désirs et des règles "absolument inadmissibles" au nom des droits de la collectivité.

En suivant les questionnements de Dominique Tiberi et de ses élèves, on voit que les interrogations de Pistrak sont encore celles des éducateurs qui aujourd'hui donne un pouvoir collectif aux enfants dans la gestion de leur vie scolaire. Elles ont aussi été constamment présentes tout au long de l'histoire de l'Ecole Moderne française créée par Freinet et les éducateurs qui l'ont accompagné.

Freinet, en 1920, dans une petite classe de campagne aux conditions matérielles précaires, est à la recherche d'une éducation nouvelle populaire. Meurtri physiquement et moralement par la guerre, il affirme sa détermination de former des hommes qui relèvent la tête, connaissent leurs responsabilités et sauront bâtir un monde nouveau de liberté et de paix. Il conteste l'éducation morale et civique préconisée par les textes officiels. Se référant aux expériences des pionniers de l'Education Nouvelle, dont celle de Paul Geheeb à Odenwald, il préconise une "liberté sociale" : "il n'est plus question, écrit-il, [8] d'apprendre seulement à l'enfant la liberté individuelle dans toute l'étendue de ses droits, mais plutôt les justes tempéraments que la vie sociale apporte à la pratique de cette liberté. Et l'énoncé théorique des droits et des devoirs de l'individu dans la communauté d'enfants ne suffit plus : c'est la pratique sociale qu'il faut développer afin que l'homme sache plus tard se conduire librement dans les diverses occasions de sa vie". C'est par la démocratie qu'on forme à la démocratie.

Il rejette l'obéissance passive et la soumission à l'autorité dans laquelle sont maintenus les enfants dans la famille et à l'école, il veut mettre en place un "milieu d'activité et de liberté qui... trouve son expression dans la libre communauté scolaire... et un enseignement basé sur l'activité de l'élève".[9] Il fait alors de la coopération un des

---

[8] FREINET Célestin, "Vers l'école du prolétariat : la discipline nouvelle. Quelques réalisations", *Clarté*, 15 décembre 1923
[9] FREINET Célestin, "L'Ecole du Travail", *Clarté*, 1 juillet 1924

fondements de la pédagogie populaire qu'il recherche. Pour lui, par la coopération scolaire, ce sont les enfants qui prennent en main, effectivement, l'organisation de l'activité, du travail et de la vie dans leur école.

Comme Pistrak, il soutient que "la communauté scolaire doit être vraiment l'expression de la masse des élèves... Même si l'ordre doit légèrement en souffrir, tous les citoyens de la communauté doivent apprendre à remplir leur rôle de citoyen actif. Les chefs seront nommés par l'assemblée générale pour un temps relativement court; les élèves coupables envers la communauté seront jugés en assemblée générale."[10]

Il est important de noter que pour Freinet, tout comme pour Ferrière, l'enfant est considéré non seulement comme une personne mais comme un citoyen capable d'exercer des droits et des libertés. Il revient alors aux enseignants de construire avec les élèves une organisation démocratique qui leur permet l'exercice de ces libertés et de les accompagner vers leur autonomie individuelle et collective.

A l'école Freinet de Vence,[11] la réunion hebdomadaire de la coopérative est une institution fondamentale de cette organisation démocratique. Elle lie intimement le travail à la vie de la communauté et à la discipline. C'est pourquoi, une exposition des travaux, présentant les réussites individuelles et collectives de la semaine, l'accompagne.

Au moment où le Président ouvre la séance, l'instant est solennel. Tous les enfants sont là. Les adultes sont à la place qui leur est réservée. Le fonctionnement suit un rituel.

---

[10] FREINET Célestin, "La discipline parmi les écoliers" *Pédagogie prolétarienne, thèse, rapports et débats"* des Journées pédagogiques de Leipzig, Pâques 1928, Paris, Editions de l'Internationale des Travailleurs de l'Enseignement,

[11] FREINET Célestin, *L'Education morale et civique,* B.E.M. 5, Cannes, Editions de l'Ecole Moderne, 1960

Ce sont d'abord les critiques qui sont examinées. Celui qui est accusé a le droit de se défendre et la décision qui est prise, s'il est jugé coupable, doit lui permettre de réintégrer la communauté soit par une réparation, soit par un engagement à modifier son comportement. Chaque cas donne lieu à la recherche de la solution la mieux adaptée au fait et à l'enfant. Les adultes sont les garants du respect de chacun et des principes qui fondent la communauté coopérative. Il arrive qu'ils soient mis en cause. Ils doivent alors se défendre eux aussi, en se gardant surtout de faire intervenir leur autorité, mais en traitant d'égal à égal avec les enfants. Seules des décisions de réparation des dommages causés peuvent être prises :

- celui qui est passé par la fenêtre devra le lendemain nettoyer les vitres ;
- celui qui a cassé des vitres à la serre du voisin ira, en compagnie du maître ou d'un grand, s'excuser et offrir une réparation...

Ce sont, pour Freinet, des sanctions normales qui vont de soi. Enfants et adultes sont mis en face de leurs responsabilités et des conséquences de leurs actes. Car pour lui, l'ordre et la discipline sont nécessaires en classe. Mais la nécessité de trouver des solutions aux perturbations et aux conflits ne justifie pas un retour aux pratiques punitives encore courantes dans l'école : la discipline doit respecter les droits de l'enfant et leur dignité.

L'expérience des communautés d'enfants et celles de Pistrak, Makarenko, Freinet, Korczak et Neil, qui ont mis en place une participation réelle des enfants, témoignent que cela est possible. Des points communs unissent tous ces pionniers d'une éducation que nous appellerions aujourd'hui "citoyenne" :
- un profond respect des enfants et des jeunes et de leurs droits ;

- une confiance dans leurs capacités à participer individuellement et collectivement à l'auto organisation de leur école ;
- la nécessité de remettre en cause le rapport autoritaire adultes enfants et de faire preuve de créativité institutionnelle pour favoriser l'autonomie de la collectivité enfantine.

De cette immense richesse, bon nombre d'éléments peuvent encore aujourd'hui guider les enseignants dans la mise en place des conseils dans leurs classes et dans leurs écoles[12]. Par rapport à l'expérience présentée par Dominique Tiberi, nous pouvons retenir quelques points :
- Les enseignants ne doivent pas tromper les élèves : ils doivent leur préciser les domaines dans lesquels ils auront le droit de décider seuls, ceux dans lesquels ils pourront négocier et décider avec les enseignants et ceux qui ne relèvent que des adultes. Les limites à leur pouvoir de décision doivent être clairement explicitées ainsi que le droit d'intervention des adultes.
- Tous les enfants doivent être impliqués dans la gestion de la vie de la classe et de l'école : les institutions mises en place doivent permettre à chacun de présenter des propositions, de participer au débats et aux décisions et d'assumer des responsabilités dans leur mise en oeuvre.
- Les sujets mis en débat doivent être importants pour la collectivité : l'ordre du jour du conseil ne doit pas être limité à la vie scolaire, tous les problèmes doivent être abordés : activités, apprentissages, relations, organisation institutionnelle et matérielle, discipline...
- L'instance collective, qui décide des lois et des règles et traitent des transgressions, réunit les enfants et les adultes : ils doivent pouvoir s'y exprimer librement et traiter d'égal à égal.

---

[12] LE GAL Jean, *Le conseil d'enfants de l'école,* n°27, Editions ICEM, 2001

- La loi, décidée en commun, s'applique à tous et doit être respectée. Toute transgression nécessite une réponse : adultes et enfants, chacun est tenu de répondre de ses actes et a le droit de se défendre.
- Des procédures précises doivent protéger contre l'illégalité et l'arbitraire, garantir que les problèmes de chacun seront considérés avec impartialité et sérieux, et que les décisions prises seront fondées sur des principes clairement établis.
- La sanction doit permettre à chacun de réfléchir sur son comportement, d'assumer la responsabilité de ses actes, et lui donner la possibilité de réintégrer la collectivité.

Toutes ces expériences novatrices, et celles menées dans leur filiation par les éducateurs militants des Mouvements pédagogiques, même si elles n'ont pas réussi à transformer profondément l'école, permettent de mieux cerner les conditions théoriques et pratiques d'un véritable changement. Elles ont aussi contribué à influencer les directives officielles actuelles. C'est ainsi qu'en juin 1992, le Conseil national des Programmes[13] affirme que " *l'école ne saurait être fermée à des pratiques permettant à chacun de participer réellement à son fonctionnement et à la vie de la cité* ". La participation devient le critère de la citoyenneté scolaire. L'éducation civique sera donc constituée par trois modes complémentaires : les savoirs, les valeurs et les pratiques. " *Tout enfant naît citoyen mais la citoyenneté se construit par l'action* ".

Au cycle des approfondissements (cycle 3), " *l'enfant devra :*
. *S'être engagé et avoir tenu ses engagements dans un projet collectif ;*

---

[13] *L'éducation civique aujourd'hui*, Propositions du Groupe Technique Education Civique, Ministère de l'Education Nationale et de la Culture, juin 1992

. Etre capable de travailler en équipe, faire preuve de solidarité vis-à-vis des partenaires pour atteindre des objectifs ;
. Savoir participer aux décisions prises collectivement en classe et dans l'école ;
. Se sentir responsable de son rôle dans l'école ;
. Etre capable de discuter du règlement intérieur de l'école ;
. Savoir participer à un débat organisé autour d'un thème d'actualité ;
. Avoir participé à un projet collectif de solidarité... "

Les quatre textes fondamentaux, la Déclaration des droits de l'Homme et du citoyen (1789), la Déclaration universelle des droits de l'Homme (1948), la Convention européenne de sauvegarde des droits de l'Homme et des libertés fondamentales (1950), la Convention internationale des droits de l'enfant (1989) vont faire référence et seront donc " *à l'école élémentaire comme au collège et au lycée, et selon des démarches d'appréhension spécifiques à chaque niveau...sous une forme adaptée, objets d'étude et d'activités* ".

Dès le cycle des apprentissages fondamentaux (cycle 2), la Convention internationale des droits de l'enfant sera étudiée afin que chaque enfant soit sensibilisé au sens et à la portée des valeurs fondamentales. Il devra aussi " *avoir eu connaissance des articles qui offrent une ouverture sur des pratiques immédiates : droit d'opinion, droit d'expression, et l'exigence de réciprocité* ". Nul ne pourra donc plus ignorer ses droits et ses libertés et les exigences liées à leur exercice.

Droit d'opinion, droit d'expression, participation aux décisions, engagement dans des projets collectifs, prises de responsabilités, actions de solidarité, rapport actif aux règlements... il s'agit bien de permettre à l'enfant d'exercer une véritable citoyenneté participative à l'école, telle qu'on la voit en oeuvre dans la classe coopérative.

Alors pourquoi faudrait-il que les enseignants qui choisissent de permettre aux enfants d'exercer leur citoyenneté à l'école aient encore aujourd'hui à se justifier ?

Si cette situation demeure, c'est bien parce que la citoyenneté et l'éducation à la citoyenneté continuent à être l'objet de controverses et de débats.

La citoyenneté est en débat.

L'histoire nous montre qu'elle a toujours été source de conflits entre des conceptions diverses et des groupes sociaux opposés. Cela peut expliquer qu'aujourd'hui encore, les controverses sont parfois vives et les points de vue inconciliables lorsque chacun campe sur sa définition du citoyen. Or mettre en place une éducation à la citoyenneté implique de savoir quel citoyen on veut former. Et c'est là que les difficultés commencent pour les éducateurs.

Ayant participé, durant deux années, à un séminaire sur " L'éducation à la citoyenneté dans et par l'école "[14], j'ai dû constater, qu'après de nombreuses confrontations entre chercheurs et praticiens, des questions importantes sont restées ouvertes :

- la citoyenneté est-elle entièrement circonscrite dans et par le politique ?
- existe-t-il une citoyenneté " civile " ou une citoyenneté sociale qui serait les prémisses de la citoyenneté politique ?
- peut-on trancher dans la complexité de la notion même de citoyenneté ?

Devant l'impossibilité d'arriver à un consensus, Francine Best, animatrice du séminaire, en a conclu qu'il revenait à chacun " *de se forger sa propre conception.* "

---

[14] Ecole et citoyenneté, *Cahiers de l'Institut,* Paris, Institut de Recherche de la FSU, 1997.

Chaque éducateur serait donc placé dans la situation de Dominique Tiberi : mettre en oeuvre une action éducative en fonction de ses propres convictions.

Mais Dominique Tiberi, en permettant aux enfants d'"exercer leur citoyenneté", reconnaît, comme Ferrière et Freinet, que les enfants sont déjà des citoyens.

Là aussi le séminaire a montré de profondes divergences lorsque nous avons débattu du statut des élèves : les " moins de dix-huit ans " sont-ils déjà citoyens comme tend à poser la Convention Internationale des Droits de l'Enfant ? Sont-ils citoyens seulement à l'âge de la majorité civique, à dix-huit ans révolus ?

Or, les pratiques éducatives mises en oeuvre à l'école vont dépendre des réponses que chaque enseignant donne à ces questions.

S'il considère que l'enfant est un citoyen en devenir, ce qui est la position prise par les nouveaux programmes de l'école primaire, les pratiques d'initiation au débat, au vote, à la délégation et à la participation, à la compréhension des principes du droit et du fonctionnement de la justice, pourront n'être que des simulations, " jouer à la démocratie ", qui risquent d'avoir peu de sens pour les élèves.

S'il considère que l'enfant est déjà un citoyen, titulaire des libertés publiques, il devra alors se demander comment faire pour que les élèves puissent exercer leurs libertés et leur droit de participation tout en construisant les savoirs et les compétences nécessaires. C'est la position que le Mouvement Freinet a choisie. Citoyen, l'enfant devient citoyen par la pratique même de cette citoyenneté. C'est en pariant sur son autonomie, sa responsabilité, sa capacité de jugement, qu'on va lui permettre de les actualiser et de devenir un citoyen libre, autonome et responsable.

Au cours de nombreux débats et formations, j'ai pu constater que ces deux positionnements, fortement affirmés, donnaient parfois lieu à de vifs affrontements.

Se forger une conviction et la mettre en oeuvre implique donc de justifier ses choix théoriques et pratiques, sans pour autant prétendre détenir la vérité.

La citoyenneté a une longue histoire, qu'il aurait été intéressant d'étudier pour en tirer des enseignements afin de mieux comprendre les évolutions et les débats actuels.

Le citoyen, aujourd'hui, est titulaire de :

- *Droits civiques* consacrant la notion de liberté, liberté de la personne, libertés fondamentales de pensée et de croyance, d'expression, de mouvement et d'association, de justice.

- *Droits politiques* concernant le droit de l'individu à appartenir à une communauté politique et à participer à l'exercice du pouvoir, en particulier par le choix des dirigeants et le contrôle politique et judiciaire.

- *Droits socio-économiques* ayant trait au droit de l'individu à la sécurité, à la propriété, à l'éducation et à l'équité sociale et économique.

Jouissant des droits fondamentaux parce que les uns comme les autres appartiennent à tout individu, il remplit ses devoirs pour que ces droits soient garantis de la même façon à tous. Patrice Canivez[15] souligne que ce point est capital car *" il fonde la liberté sur une forme de solidarité. Ainsi l'individu est complètement engagé à l'égard de sa communauté : il doit lui concéder tout ce qu'elle lui demande. Mais la communauté est, elle aussi, tout entière engagée à l'égard de chaque citoyen. "*

Il s'agit donc d'un contrat social et civique.

Dans ma conception politique et éducative, un citoyen actif et responsable doit faire entendre son avis, proposer des projets et des solutions aux problèmes, s'associer aux débats

---

[15] CANIVEZ Patrick, *Eduquer le citoyen*, Paris, Hatier, 1995

et aux prises de décision concernant les actions et l'élaboration des règles de la vie collective et assumer des responsabilités dans leur mise en oeuvre. Il agit dans tous les domaines importants de la vie politique, économique, sociale et culturelle. La participation concerne donc tous les citoyens partout où ils se trouvent, habitants dans la ville[16], travailleurs dans les entreprises[17], enseignants dans les établissements scolaires, stagiaires dans les centres de formation, parents dans les crèches et les écoles, enfants et jeunes dans la famille, l'école, les institutions éducatives, les centres de loisirs[18]... Le problème qui est alors posé étant :

. Comment faire pour que les adultes et les enfants puissent être des citoyens à part entière dans tous les lieux où ils vivent et travaillent ?

La réponse à cette question implique que soient respectés les libertés et les droits fondamentaux, que des possibilités nouvelles d'exercice des droits reconnus soient créées, que l'éducation permette à chacun d'acquérir les connaissances et les compétences nécessaires pour agir.

La Représentation et la Participation sont les deux piliers de la citoyenneté démocratique. Il s'agit donc d'élargir les droits civiques de catégories qui en sont aujourd'hui partiellement privées, dont les enfants et les jeunes, mais aussi de créer des pratiques citoyennes nouvelles dans une perspective de démocratie participative.

---

[16] Les habitants dans la décision locale, *Territoires,* dossier 2001, Paris, sep-oct 1999, revue de l'ADELS (Association pour la démocratie locale et l'éducation locale et sociale), sept. oct. 1999
[17] LAVILLE J.L., *La participation dans les entreprises en Europe,* Paris, Vuibert, 1992
[18] Citoyenneté et participation des enfants et des jeunes, *REUSSIR-ACTION,* Revue des FRANCAS, 1995

Vers une démocratie participative

L'émergence d'une démocratie participative est favorisée par :

. La crise de la démocratie représentative, qui se manifeste par la faible participation aux élections ;

. La prise de conscience d'un certain nombre de citoyens que c'est en se mobilisant et en assumant leur devoir de solidarité, qu'ils imposeront le respect des droits de l'homme pour tous et le devenir d'une société plus juste et plus humaine.

Dans la ville, la démocratie participative s'affirme comme une démarche qui favorise " le vivre ensemble " et cherche l'expression dans les faits de la liberté et de l'égalité fondamentale des citoyens. Elle est un complément important à la démocratie représentative qui a pour mission de défendre les valeurs et le projet commun que les habitants se sont choisis par le vote. Il ne s'agit donc pas de les opposer mais de faire qu'elles agissent en synergie, que l'une n'existe pas sans l'autre. C'est un problème qui se pose aussi aux conseils de délégués dans les écoles. Il faut prendre garde à créer des institutions et des procédures qui permettent la participation et la formation de tous : " chacun a le droit de participer " doit demeurer un principe directeur.

L'analyse des expériences menées dans des villes m'a permis la mise en évidence de conditions de réussite que nous pouvons transférer dans l'école. J'en retiendrai trois :

1. Respecter des valeurs et des principes

Le respect des droits de l'homme, la coopération, la solidarité, le partage, la libre expression et le dialogue, le droit de chaque citoyen à participer à la gestion de la cité et donc le refus de toute exclusion, la justice, constituent les fondements de la démocratie participative. Ce sont aussi les valeurs de la coopération à l'école.

2. Accepter de partager le pouvoir

Pour que les citoyens deviennent actifs et responsables, les décideurs institués doivent, comme Freinet, être convaincus que " l'enfant et l'homme sont capables d'organiser eux-mêmes leur vie et leur travail pour l'avantage maximum de tous " et accepter de partager leur pouvoir. Leur donner les moyens de s'exprimer sur leurs difficultés quotidiennes, de faire entendre leur avis sur les projets d'organisation de la ville, constitue une première reconnaissance de leur droit à s'exprimer et à être entendus. Libérer la parole est essentiel. Il est donc important de veiller à ce que la parole de tous puisse se faire entendre, ce qui n'est jamais facile. Mais ce n'est là que le premier degré, une première étape.

Le processus de concertation constitue un deuxième degré. Il implique plus fortement les habitants dans l'instruction des dossiers. Ils deviennent des " personnes ressources " reconnues et permettent au pouvoir de trancher en meilleure connaissance de cause.

Mais une véritable participation n'existe que s'ils sont présents tout au long du processus et donc s'il y a un réel partage du pouvoir, aboutissant à une " co-décision " et à un partage des responsabilités dans sa mise en oeuvre et son évaluation.

C'est bien ce processus qui est appliqué dans la classe coopérative et qui est illustré par les quatre étiquettes que Dominique Tiberi a affiché sur un mur : PROPOSER, DISCUTER, DECIDER, APPLIQUER.

Son expérience montre que le partage d'un tel pouvoir avec les enfants n'est possible que si les enseignants ont conquis eux-mêmes un pouvoir réel sur leurs actes. Ils doivent s'approprier un espace de créativité, se donner une marge de manoeuvre. Or cela ne va jamais sans risques. Parfois il est nécessaire d'affronter collègues et parents d'élèves, faute de pouvoir les convaincre. Il faut donc de la détermination et un engagement profond. Il faut aussi des connaissances pour pouvoir accompagner les enfants dans leurs tâtonnements et trouver des solutions aux problèmes. Je suis convaincu que les enseignants en formation seraient mieux à même d'entreprendre de telles expériences novatrices, s'ils pouvaient eux-mêmes exercer un réel droit de participation sur leur formation et ainsi se former par une pratique démocratique.

3. Organiser un apprentissage

Reconnaître une capacité une suffit pas. Le " métier de citoyen participatif " exige compétences, engagement, prise de conscience des responsabilités et de leurs implications, sens de l'action solidaire et coopérative, maîtrise des techniques qui concourent à l'élaboration, à la mise en oeuvre et à l'évaluation d'un projet démocratique... Or, l'assurance, la confiance en soi et les compétences nécessaires pour s'impliquer ne peuvent s'acquérir que progressivement.

Un apprentissage, par la pratique citoyenne et pour une pratique de participation lucide et efficace à la gestion démocratique, est donc nécessaire. Aucun individu ne peut se considérer comme un citoyen accompli. L'éducation à la citoyenneté doit donc être conçue comme une dynamique, un processus, une construction permanente.

Respect de valeurs et de principes, partage du pouvoir, organisation d'un apprentissage par la pratique, avec ses tâtonnements, ses réussites et ses difficultés, tant pour les personnes que pour le groupe, c'est bien de cela qu'il est aussi question, lorsque Dominique Tiberi nous parle d'exercer la citoyenneté.

Mais est-il légitime aujourd'hui de considérer l'enfant comme un citoyen, de lui permettre de donner son avis et de participer aux décisions ?

Chapitre 1
IL ETAIT UNE FOIS...

1980. Suppléant éventuel à titre précaire et révocable.

"- Il faut qu'il soit instit., il est doué pour ça !" avait dit mon instituteur et néanmoins ami de mes parents. Comme dans les milieux ouvriers, la parole de l'enseignant, c'est sacré, ma voie était tracée. D'autant que le métier d'instituteur était le reflet, à l'époque, d'une véritable promotion sociale, surtout pour un petit fils d'immigré italien.

Après un parcours chaotique en filière scientifique et un premier échec au concours d'entrée à l'Ecole Normale d'instituteurs, je suis entré dans l'Education Nationale par "la petite porte", embauché comme "suppléant éventuel à titre précaire et révocable"[19] pour effectuer des remplacements sur la Brigade Nord Formation Continue[20].

Jamais des termes n'ont été employés avec autant de lucidité ! J'étais effectivement suppléant, c'est à dire remplaçant dans les fonctions de quelqu'un sans être titulaire, et de surcroît "éventuel et révocable". On presse le citron puis on le jette. Mais aussi et surtout "précaire". De quelle précarité pouvait-il bien s'agir ? Outre le fait que je puisse être définitivement remercié à n'importe quel moment, j'étais embauché chaque lundi matin et remercié chaque samedi midi suivant. J'aurais pu prétendre à l'époque à une place

---

[19] Terme officiel figurant sur les bulletins de salaire.
[20] Ici, dans un secteur géographique délimité, le brigadier effectue les remplacements des titulaires des classes partis en stages de formation continue. A l'époque, dans les années 79/80, personne ne voulait de ces postes. Ils sont maintenant tellement convoités qu'en général, un brigadier est à cinq ans de la retraite. Il faut dire que les modes de remboursements de frais ont changé et qu'un brigadier, aujourd'hui, gagne en moyenne 2 000 à 3 000 francs de plus qu'un titulaire d'une classe, voire qu'un directeur d'école.

dans le grand livre des records, au chapitre du plus embauché/débauché en un an. Intérimaire de l'Education Nationale, je n'ai jamais été payé ni les week-ends, ni les petites vacances alors que mon banquier encaissait chaque mois les traites de la voiture que l'inspecteur de l'époque m'avait vivement conseillé d'acheter si je voulais travailler.

C'est ainsi qu'au mois de juin, je me suis retrouvé au chômage, avec un découvert sur mon compte en banque et une voiture au bout du rouleau (plus de trente remplacements en un an sur un rayon de soixante kilomètres à la ronde, avec des remboursements au tarif S.N.C.F. seconde classe pour un aller et un retour par remplacement alors que j'effectuais les trajets tous les jours). Mais comme diront certaines personnes bienveillantes à mon égard : "- Il faut bien que chacun mange son pain noir !"

1981. Les années Ecole Normale.

Mitterrand Président... un recrutement massif dans la fonction publique et me voilà reçu au concours d'entrée à l'Ecole Normale d'instituteurs. Quel soulagement ! Plus de chômage à l'horizon ! Quelle fierté pour mon père de dire : "- Moi, mon fils, il est normalien !" et quel indicible bonheur que celui de la vie d'étudiant salarié.

Malgré des airs de bohème, ces trois années passées à l'Ecole Normale vont me permettre de commencer à flirter avec la pédagogie. En début de seconde année, ne sachant que faire de nous pour cause de concours, on nous envoie (toute la promotion) pendant trois semaines en observation dans des classes d'application.

Me voilà, par hasard, dans une classe de la banlieue de Nancy. Rien n'y est comme ailleurs : de la disposition des tables et du mobilier en général à l'attitude du maître en passant par celle des enfants, l'ensemble laisse une impression de vie grouillante et bouillonnante où chacun s'affaire à ses tâches. Je suis tout à coup bousculé dans mes représentations des classes telles que celles que j'ai vues fonctionner depuis deux ans. Loin des schémas classiques et des leçons modèles qu'on nous montre et qu'on essaye de nous faire reproduire, la physionomie de cette classe bouscule le formalisme et interpelle le quotidien scolaire. F. Oury et A. Vasquez, en décrivant une classe coopérative, consacreront d'ailleurs un chapitre entier intitulé *"Un milieu inhabituel"*[21] et écriront dans ce même chapitre : *"C'est un Univers, avait dit un jour, étonné, un professeur de psychopédagogie. Oui, un petit univers un peu en marge de l'école, mais plus ouvert et lié au monde quotidien des enfants et des adultes. Univers ressenti, perçu avant d'être analysable"*[22]. Il suffira à Gilles Sapirstein, le titulaire de la classe, d'y rajouter un discours impliqué, engagé, provocateur à tendance prosélytique, pour me retrouver pesé et emballé. J'avais succombé aux charmes de la pédagogie Freinet.

Mes deux dernières années d'Ecole Normale ne seront plus consacrées qu'à des lectures évoquant la pédagogie Freinet, à la participation aux réunions départementales de l'I.C.E.M.[23], et à des observations sauvages (je profitais des heures où je n'avais pas cours pour me rendre dans cette classe. J'en étais souvent réduit à passer par le logement de fonction de Gilles pour que la directrice de l'époque ne me voie pas, je n'avais officiellement rien à faire là). Quelque temps après, je serai le premier, et peut-être le seul, à dire : "- Qu'on nous laisse notre plan de formation en mains !".

1984. Les premières armes sur le terrain.

Pressé d'être à pied d'oeuvre, avide d'expériences, la tête pleine d'idées, les mots de Freinet résonnent encore : *"Nous te conseillons. Nous nous sommes déchirés avant toi*

---

[21] F. Oury, A. Vasquez, *Vers une pédagogie institutionnelle*.
[22] Ibid., page 102
[23] Institut Coopératif de l'Ecole Moderne (mouvement Freinet).

aux ronces et aux rochers. Mais nous avons déblayé certains chemins qui montent vers la flamme; nous avons fabriqué et installé des outils avec lesquels nous avançons avec sûreté. Et nous serons tous ensemble, pour nous entraider quand la montée sera trop dure, car il reste tant à faire... Si, pour l'instant, tu ne peux user toi-même de ces outils, aide-nous du moins à les rendre plus accessibles encore à ceux qui te suivront. Tu partiras alors, avec toute ton audace, et ta témérité même, mais en mesurant d'avance tes possibilités".[24]

J'avais certes de l'audace et de la témérité, mais à l'époque, ai-je mesuré à l'avance toutes mes possibilités ? Car si beaucoup des collègues de l'I.C.E.M. me conseillaient d'introduire les techniques petit à petit, j'avais une vision d'un ensemble si complexe mais également si cohérent qu'il me fallait tout mettre en place d'un seul coup : expression libre, correspondance scolaire, entretiens du matin, outils de travail individualisé...

Ce fut l'époque des logiques fonctionnalistes, pragmatiques, et l'incontournable phase d'imitation de mes pères. Je vais m'écraser de travail, passer mes week-ends et mes vacances à fabriquer des outils (du fichier opérations en passant par le limographe[25]). Et la classe, je pense, tiendra le cap. Mais c'est de l'extérieur que les difficultés vont se manifester. Je vais devoir affronter collègues et parents d'élèves qui me demanderont de justifier mes choix. Discussions tardives sur le trottoir, réunions de parents à n'en plus finir, débats polémiques sur l'inutilité de la dictée. Argumenter, défendre, justifier peupleront mon quotidien. Si la demande des parents sera légitime, comment expliquer celle des collègues ? Ou bien est-ce simplement moi, qui par mon enthousiasme, mes discours engagés, engendrerai des formes d'agressivité. C'est bien des années après que Bernard

---

[24] C. Freinet, *Conseils aux jeunes*, B.E.M. pages 17/18.
[25] Cadre de bois supportant une toile et servant à la reproduction des journaux scolaires.

Chouvier m'éclairera : *"la persécution, réelle ou fantasmée, à la fois subie et agie, est l'une des principales formes motrices de la militance. La pratique, même sous ses formes les plus anodines, a toujours à voir avec une poussée persécutrice. Même quand cette poussée prend source dans la réalité sociale - ce qui est fort souvent le cas - elle réveille en l'individu le noyau paranoïde sur lequel elle vient s'enraciner. La militance est une mise en acte prosélytique et agressive consécutive à un sentiment de persécution et d'injustice et capable à son tour de passer à la persécution et à l'injustice à des fins réparatrices".*[26]

Cette année là me servira de leçon. Si la pédagogie Freinet est si mal perçue dans l'Education Nationale, évitons à l'avenir certains mots qui fâchent ou qui font peur. Nommé dans une autre école de Nancy, les trois ou quatre années qui vont suivre me permettront de calmer mes ardeurs tumultueuses à tendance prosélytique, d'affiner mes pratiques afin de les intégrer dans le moule institutionnel. Ces années seront d'ailleurs pour moi difficiles à vivre car je me sentirai tiraillé entre des choix pédagogiques proches d'intimes convictions et la volonté de m'intégrer dans un travail en équipe au sein d'une école très marquée par la présence de son directeur. Marcel Postic analyse d'ailleurs fort bien la situation : *"L'enseignant établit la relation éducative dans un cadre stabilisé par l'institution scolaire, conçu pour intégrer les jeunes dans un système social, alors qu'il a pour tâche de transformer les relations humaines et d'être un agent de progrès, en initiant l'élève à de nouvelles idées ou méthodes, afin que ce dernier devienne l'artisan de changements, ou, au moins, qu'il soit capable de s'adapter à des changements. Ces contradictions placent l'enseignant dans une situation conflictuelle, parce qu'il est pris entre l'idéologie officielle et*

---

[26] Bernard Chouvier, *Militance et inconscient*, p.94.

les pulsions sociales d'une part, ses valeurs personnelles d'autre part."[27]

Je mettrai également ces années à profit pour préparer et obtenir le C.AF.I.M.F.[28], et, un an plus tard, être nommé sur un poste de formateur à l'école des Trois Maisons.

1990. Les années Trois Maisons.

Cette fois, c'est décidé, je pose mes valises pour au moins cinq ans. Me voilà enfin titulaire d'un poste, et de surcroît un poste d'I.M.F.[29] Après cinq années de zapping d'une école à l'autre, où l'on récupère les classes que personne ne veut, je vais enfin pouvoir m'installer dans MA classe et commencer à naviguer sur un fleuve au long cours.

Mais comme tous, je vais subir le syndrome du nouveau qui doit faire ses preuves face aux enfants, aux collègues, aux parents. Observé, épié, testé, il faut faire face à tous, y compris aux étudiants qui débarquent par vagues successives dans la classe. Ils sont envoyés par ce qui est devenu I.U.F.M. avec des demandes bien précises : qui sur l'orthographe, qui sur les décimaux, qui sur l'électricité ou le rôle de la trace écrite en histoire. Au grand supermarché de la pédagogie, venez profiter de nos promotions sur les savoirs. La leçon modèle est en tête au hit-parade, les didacticiens règnent en maîtres.

Me voilà bien seul, face à ces hordes de didacticiens qui saucissonnent, découpent, planifient le savoir selon des schémas tactiques, recueillent des représentations, dressent des objectifs obstacles, érigent des statuts de l'erreur. Surtout ne pas sombrer dans une banalisation des pratiques. Il est vrai que depuis que l'I.C.E.M. est quasi moribond en Meurthe-et-

---

[27] Marcel Postic, *La relation éducative*, p.117.
[28] Certificat d'aptitude aux fonctions de maître formateur.
[29] Instituteur Maître Formateur.

Moselle, je me sens un peu seul. Pourtant quelque chose d'infiniment profond me raccroche obstinément aux pratiques Freinet. *"Ce qui pousse le militant dans ses conduites, dans l'investissement de tout ou partie de son temps dans "l'oeuvre missionnaire", c'est l'intime conviction de la justesse de ses vues et la nécessité ressentie de faire progresser la cause. Mais une évidence logique n'a pas la possibilité à elle seule d'engendrer de telles conduites, même si la réalité sociale constatée est en désaccord avec cette évidence. L'opposition de la juste appréciation d'un problème avec le désordre réel existant ne suffit pas à engendrer un agir. Elle est seulement capable de déclencher un ressenti"*.[30]

Deux événements simultanés vont me permettre de me réunifier et d'aller plus loin dans mes pratiques : l'Université et les Sciences de l'Education qui vont m'ouvrir des perspectives de réflexion et de travail, et une renaissance de l'I.C.E.M. 54 qui me permettra d'échanger à nouveau sur mes pratiques. C'est également à cette époque que des demandes de l'I.U.F.M. vont se faire plus précises. Désormais, on va chez Tiberi pour voir du travail en groupes, des ateliers d'écriture, du tâtonnement, du travail individualisé et... des conseils coopé.[31]

Il est vrai que la citoyenneté est à l'ordre du jour depuis quelques années, que la prof. d'histoire-géo démarre rarement son module obligatoire sur la citoyenneté sans une observation d'un conseil dans la classe et, comble, que lors de ma dernière inspection, j'ai présenté un conseil coopé. à mon I.E.N.[32] et qu'il a trouvé ça tellement "dans les textes" qu'il m'a proposé de recevoir le Madame le Ministre lors de sa visite en Lorraine.

---

[30] Bernard Chouvier. *Militance et inconscient*. p. 73.
[31] Quand viendront-ils voir des enfants !
[32] Inspecteur de l'Education Nationale.

Vers une problématique citoyenne.

Ma classe serait-elle plus citoyenne que les autres ? C'est peut-être une question qui mériterait d'être examinée. Mais de façon plus générale, on peut peut-être s'en remettre à Philippe Perrenoud : *"L'enseignant est une personne ! Encore faut-il qu'il le sache et l'assume dans l'exercice de son métier. Lorsqu'on travaille avec ses émotions, sa culture, ses goûts et dégoûts, ses préjugés, ses angoisses, ses désirs, ses fantasmes de pouvoir ou d'excellence, brefs ses tripes et son inconscient, ses valeurs et ses rêves, il faut le savoir et contrôler les influences qu'on exerce sur les élèves.*
Professionnel de la prise en charge de personnes, l'enseignant d'aujourd'hui devrait, comme les autres, apprendre très rapidement à ne pas refouler ou nier tous ces aspects, à les considérer comme normaux, à les analyser, à en parler, à demander de l'aide lorsqu'il se sent dépassé par une relation trop forte ou une situation trop complexe".[33]

Faire le choix d'une pédagogie coopérative, militer au mouvement Freinet c'est, entre autres, *"lutter pour le respect de la laïcité et de ses valeurs dans les classes et le monde en travaillant à l'acquisition d'une efficacité citoyenne"* (Charte de l'I.C.E.M.). C'est à travers le fonctionnement et l'évolution de ma classe coopérative, décrite sous la forme d'un journal de recherche, que je propose dans les pages qui suivent, d'éclaircir les notions de coopération, de citoyenneté, de valeurs, de laïcité, et tenter d'analyser comment les enfants se construisent leur citoyenneté, par le biais de leurs productions, de leurs comportements dans le quotidien de leur classe coopérative.

---

[33] Philippe Perrenoud. In Revue des sciences de l'éducation (Montréal), 1993, vol. 18, n°3, pp.59-76

Chapitre 2.
COOPÉRER

"Classe coopérative du CM1 -CM 2".

C'est ce qui est écrit en gros caractères de couleurs sur la porte d'entrée de la classe. A qui donc s'adresse cette étiquette ? Aux enfants, à leurs parents, aux étudiants, aux collègues, et peut-être aussi à moi-même, comme à chaque personne qui entre dans la classe, comme pour rappeler l'une des valeurs fondamentales qui règle le fonctionnement de la classe.

Depuis deux ou trois ans, je demande systématiquement aux enfants, en début d'année, ce que signifie pour eux le mot "coopérative". A l'unanimité (en dehors des quelques "anciens"), la coopérative est, pour eux, "l'argent que les parents versent pour que le maître achète du matériel". Quelle vision réductrice et mercantile du terme a-t-on pu induire aux communautés scolaires ? *"Ils voient davantage la cotisation que leurs enfants réclament que le travail en commun réalisé à l'école"* remarque d'abord Jacques George dans un article[34], pour en expliquer ensuite les causes, consécutives aux *"dérives liées aux pratiques des enseignants confondant souvent le verbe avoir une coopérative et le verbe être une coopérative"*.

Si un petit travail sémantique permet aux enfants de lever certaines ambiguïtés de sens, ils n'en sont pas pour autant quittes, en septembre, sur les pratiques coopératives. Mais avant de voir ce que suppose la coopération scolaire dans la classe, il serait peut-être utile d'explorer la notion de coopération, ce qui expliquera en partie certaines dérives mercantiles.

---

[34] Jacques GEORGE, in *Cahiers pédagogiques n°347* - octobre 1996 - p.13.

Coopérer, une idée ancienne.

L'idée de coopération naît au siècle dernier avec *"la révolution industrielle et à la condition qu'elle ménage aux ouvriers (...) Le mouvement ouvrier sous ses diverses formes, socialisme utopique, socialisme politique, syndicalisme, coopération, est le refus de cette résignation à l'inadmissible. La coopération se développe à la fois par des initiatives spontanées de travailleurs et par des constructions théoriques"*[35]. C'est un mouvement international qui a pour projet de bâtir une société plus juste, pacifique, en mettant en place des principes démocratiques qui servent à la fois des intérêts individuels et communs. Naîtront tout au long du XIX° et au début du XX° siècle des coopératives de production, de consommation, de crédit. De ces expériences multiples se dégage une éthique dont Jean Le Gal en retient trois traits principaux :

*"- **la créativité** : la pratique coopérative relève d'un plaisir de créer, de s'engager dans un processus novateur permanent qui évite la normalisation des relations et des structures.*
*- **La solidarité** : la coopération institue une solidarité consciente qui met en jeu la responsabilité de chacun et la volonté de concourir au bien commun (...).*
*- **La responsabilité** : le projet coopératif, doit être l'objet d'un choix collectif réfléchi et lucide. Il doit s'inscrire dans la réalité de ce qui est possible d'accomplir."*[36]

Ces conceptions humanistes, cet idéal coopératif prennent également corps dans le champ de l'éducation. En 1928, Barthélemy Profit (1867-1946), instituteur puis inspecteur primaire, crée l'office central de la coopération à

---

[35] Id., p. 47.
[36] Jean Le Gal, *Coopérer pour développer la citoyenneté.* Pp. 21/22.

l'école (O.C.C.E). Il voit dans les coopératives un instrument d'éducation grâce auquel l'école devient *"une association d'enfants se disciplinant eux-mêmes pour prendre en charge l'amélioration de leurs conditions de vie et le progrès général de la classe tant au point de vue matériel qu'au point de vue moral* [37]*"*. Définissant ainsi avec netteté la coopération scolaire comme doctrine d'éducation morale et comme institution coopérative, les préoccupations des coopératives scolaires, si elles souhaitent la formation de l'homme, du citoyen et du travailleur (selon la formule de l'école de la III° République) seront essentiellement d'ordre économique. Surnommées "Filles de la misère" par B. Profit lui-même, les coopératives *"faisaient face aux insuffisances de leur équipement, en se procurant des ressources (fêtes scolaires, tombolas, expositions ventes) et le principal de l'activité des jeunes coopérateurs était tournée vers l'accumulation de fonds, entreprise collective, dans un but également collectif. Dans les meilleurs des cas, les élèves, par l'intermédiaire de leur trésorier, étaient associés à la gestion de l'entreprise. Il y avait incontestablement, dans cette action, une initiation à la vie économique - menacée toutefois par les dangers du mercantilisme et une formation civique et sociale. Mais pas de modification pédagogique réelle. On en restait à une pédagogie de "type autoritaire", centrée sur les programmes et sur les maîtres."*[38]

Il semblerait qu'actuellement, à écouter les enfants, et au regard des pratiques courantes, la gestion des coopératives scolaires ne reste essentiellement qu'une histoire d'argent. Ces petites sommes réclamées par les enseignants en début d'année aux parents fonctionnent le plus souvent comme complément aux crédits scolaires souvent insuffisants (on est encore proche des "filles de la misère" et encore loin de la gratuité scolaire). La communauté enseignante tait le plus

---

[37] Revue *Animation et Education*. Mai/Juin 1998. n°144. p. 24.
[38] Id., pp. 25-26.

souvent le fait que cette cotisation n'est pas obligatoire, et rares sont les classes où les enfants sont associés aux choix des dépenses et à la gestion de cet argent, qui leur appartient pourtant. Mais le mot coopération revêt également un tout autre sens, bien plus complexe.

Partisan comme B. Profit d'une pédagogie de l'éducation mutuelle, de la solidarité, des méthodes actives, C. Freinet *"reproche cependant aux coopératives O.C.C.E. d'être de petits parlements avec des élections, des mandataires; d'être de plus, du fait de leur insertion dans les programmes d'éducation morale et civique, contrôlées par les inspecteurs primaires et d'académies, et donc suspectées indirectement d'obédience envers les autorités ministérielles* [39]". Alors que B. Profit développe l'O.C.C.E, de son côté, Célestin Freinet crée alors à la même époque une coopérative d'entraide. Destinée aux instituteurs qui utilisent l'imprimerie à l'école, elle deviendra en 1928 la C.E.L.[40]. Si la C.E.L. a pour but de mettre à la portée de tous du matériel d'enseignement, elle ne suffit pas à C. Freinet qui pense qu'on ne peut pas demander aux enfants de coopérer si les enseignants eux-mêmes ne coopèrent pas. Il crée alors l'I.C.E.M.[41] qui permet aux enseignants de se former entre eux aux pratiques coopératives par l'intermédiaire de réunions, de visites, d'échanges. Chez C. Freinet, la coopération se joue donc à deux niveaux qui s'inter conditionnent : la coopération des enfants à l'intérieur de la classe et celle des maîtres au sein du mouvement.

L'esprit de coopération.

"La coopération est, avant tout, un choix éthique et politique. (...) C'est un choix personnel de l'enseignant qui

---

[39] Id., pp. 25-26.
[40] C.E.L. : Coopérative de l'école laïque. Actuellement P.E.M.F. : Publications de l'école moderne française.
[41] Institut coopératif de l'école moderne.

adhère ou non à la coopération. Il peut faire le choix de la solidarité contre l'individualisme, le choix d'une politique prenant en compte chaque individu dans un groupe contre la compétitivité absolue"[42]

Faire le choix d'une pédagogie coopérative, c'est peut-être déjà vouloir prolonger une façon de vivre dans la classe. Si l'homme est un être social, c'est qu'il vit avec d'autres, qu'il a besoin des autres pour construire et se construire. Faire le choix d'une pédagogie coopérative, c'est peut-être aussi une façon de vouloir lutter contre l'individualisme, contre la solitude de l'enseignant dans sa classe, dans l'école. Si de nombreux textes ministériels incitent les enseignants à travailler en équipes, c'est que la tâche n'est peut-être pas si facile qu'il n'apparaît. Jean Houssaye ne dit-il pas à ce propos : "*Malheureusement, la coopération à l'école n'est souvent que le moyen de cacher, ou d'oublier, que le système scolaire est fondamentalement individualiste et élitiste, qu'il fait bel et bien faire l'expérience de l'antifraternité de l'être ensemble.*"[43] Apprendre à coopérer, ne serait-ce pas alors une façon de résister à l'individualisme ambiant, une forme d'éducation à la citoyenneté, comme un apprentissage à mieux vivre ensemble : "*par la coopération, l'école est là pour apprendre à vivre, à éprouver et à construire la solidarité des exclus tant à l'intérieur qu'à l'extérieur d'elle-même. (...) La coopération se réalise dans la pratique fraternelle de l'être ensemble. (...) Etre subjectivement heureux et remplir son devoir envers la société, n'est-ce pas l'idéal éducatif de la coopération à l'école ?*"[44]. La notion de coopération exalte d'ailleurs souvent les vertus de la solidarité contre l'individualisme, au risque parfois de sombrer dans des dérives fusionnelles, dans de chaleureuses empathies, dans

---

[42] Philippe Meirieu, in *Animation et Education*. Mars/Avril 1998. n°143. p. 27.
[43] Jean Houssaye, in *Cahiers pédagogiques n°347* - octobre 1996 - p. 21.
[44] Id., p. 19.

l'extase collective, au point de desservir les intérêts de chacun. Mais la définition des cahiers pédagogiques me semble à ce propos assez lucide et cohérente : *"La pédagogie coopérative, c'est la collaboration du maître et des élèves et des élèves entre eux, au sein d'équipes de travail ; elle peut s'étendre à tous les domaines de la vie scolaire... Elle développe la curiosité d'esprit, le goût de l'effort, la faculté d'adaptation, le sens de la responsabilité, la solidarité. Loin de noyer l'élève dans une collectivité, de le dépersonnaliser, elle exalte les vertus individuelles."*[45]

Définir l'idée de coopération relève donc d'une tâche à la fois délicate et complexe qui met en jeu une association de valeurs, non hiérarchisées mais en inter relations, et souvent par opposition à d'autres : travail en groupes/travail individuel - aide/autonomie - entraide/concurrence - civisme/soumission - réussite de tous/sélection - communication/violence - égalité des droits/hiérarchie. Ainsi, au regard de ces orientations, *"faire le choix d'une éducation à la coopération, c'est faire le choix d'éduquer à la paix. Ce choix est possible pour chaque enseignant à l'école. Il s'agit bien là d'un choix politique, d'un choix de société."*[46] Mais la coopération ne peut se contenter d'être un concept, si elle permet l'écoute, le respect, la tolérance, on pourrait voir de la coopération dans un enseignement frontal. La classe coopérative est bien plus complexe, elle prend corps dans des pratiques, dans des structures, avec des outils que nous allons examiner maintenant.

---

[45] *Cahiers pédagogiques n°347* - octobre 1996 - p. 12.
[46] Nicole Bizieau, in *Cahiers pédagogiques n°347* - octobre 1996 - p. 16.

Quelque part en harmonie

Si l'on te fait tomber,
C'est moi qui aurai mal.
Si je te vois pleurer,
Ca n'me s'ra pas égal.

Quand t'auras une bonne note,
Je serai folle de joie.
Si ta mémoire tremblote,
Nous on te soufflera.

On mettra nos goûters
Et nos rêves en commun,
De cette cour
On fera un jardin.

C'est promis
C'est juré,
Un pour tous,
Tous pour un.

Sarah - 9 ans

Chapitre 3.
ARCHITECTURE DE LA CLASSE

L'installation.

"*Lundi 16. La rentrée. (...) Nous pénétrons dans une salle aux murs vides et froids. Les tables se bousculent tant il y en a. Nous essayons de faire connaissance, de nous rapprocher. (...) je suis en classe, dans une salle vide de sens, anonyme, aseptique, neutre, la vraie classe, telle que l'ont connue les parents ou les grands-parents. (...) Les enfants ne se sentent pas chez eux*".[47]

C'est ainsi que Catherine Pochet décrit sa rentrée en 1974. On pourrait penser qu'à chaque rentrée, tout est à refaire, tout est à reconstruire. Mais en ce jour de rentrée, les murs de ma classe ne sont pas tous vides. Si la plupart des panneaux sont encore vierges, quelques affichages interpellent déjà les enfants : les premières lois de la classe, les fiches guide nécessaires au travail individualisé, la carte géographique situant nos futurs correspondants. Ils entrent, timides, ne sachant sur quel pied danser. Va-t-il nous placer ? A-t-on le droit de s'asseoir où l'on veut ? Mais les dix ex-CM1 qui sont maintenant au CM2, et que je connais donc bien, sont des habitués des lieux et ont investi l'espace. Ils sont déjà installés aux tables regroupées par quatre ou six, et, amusés par l'air empoté des "nouveaux", les invitent à faire de même. Petit à petit, chacun prend place où il peut, ravi d'être à côté ou en face du copain. Il me reste uniquement à proposer une autre table à ce nouveau visage qui s'est installé à ma place. Je n'ai pas de bureau, juste la même table que les enfants, au milieu d'eux.

La rentrée est faite. Ces quelques premières minutes qui entament une nouvelle année scolaire sont des moments cruciaux. C'est peut-être là que tout se joue. Chaque geste,

---

[47] Catherine Pochet, *Qui c'est l'conseil* ? Pp. 13-14

chaque mot est épié. Je suis observé, décortiqué, passé au crible par vingt-six paires d'yeux curieux. Ne pas laisser les provocateurs aller trop loin, être ferme sans pour autant terroriser les plus sensibles. S'ils ont investi l'espace, ils n'en ont pas encore pris possession. Si la disposition du mobilier incite à l'échange, aux déplacements, aucune habitude n'est encore prise. De leurs premiers échanges sauvages naissent des rires nerveux suggérés par cet espace qui incite à une liberté qui leur fait peur. Bien sûr, *"rire est souvent provoquant ; c'est une façon d'établir entre soi et le réel un peu de distance. Or la distance est ce qui est strictement exclu de l'univers de l'intolérant, puisqu'il colle à lui-même au point de vouloir se reproduire à l'infini en uniformisant le reste de l'humanité"*[48]. Laissons-les donc rire, si c'est un premier pas vers la tolérance, et imposons-leur cet espace car bien sûr, je vais imposer, mais également *contraindre, influencer, persuader, suggérer, proposer, puis m'effacer*.[49] Mais avant de m'effacer pour qu'ils se sentent chez eux, ils sont chez moi et je vais imposer à ce regroupement d'individus des outils de fonctionnement qu'ils s'approprieront et transformeront peut-être. J'entends déjà les grands discours libertaires du genre :
"- Tu prônes la démocratie dans ta classe et tu imposes d'emblée un fonctionnement !" Ou encore :
"- Quel excès d'autorité pour quelqu'un qui souhaite partager le pouvoir !"

Mais liberté, autonomie, pouvoir, sont à construire et je partage avec Guy Coq l'idée qu'il est *"légitime de concevoir et d'instaurer un système d'éducation qui, en intégrant les individus dans l'espace de la démocratie, les fait entrer dans une culture qui les précède, qu'ils n'inventent*

---

[48] Tahar Ben Jelloun, in *Cahiers pédagogiques n° 340, Eduquer à la citoyenneté*, p. 12.
[49] Selon le carré éducatif proposé par Eirick Prairat, in *La sanction*. p. 86.

pas, mais qui légitime vis à vis d'eux la notion de société démocratique. (...) Porteuse d'une certaine culture dans laquelle elle fait entrer ses enfants, la société démocratique ne saurait être démocratique de part en part".[50]

Et puis si la structure imposée en début d'année semble rigide, laissant peu de place à l'imprévu (voir tableau page suivante), elle permet suffisamment d'interstices, d'espaces de dialogue, de construction, de négociation, qui leur permettront d'exercer leur citoyenneté. Quand l'enfant entre en septembre dans la classe coopérative, il n'existe qu'une structure qui va mettre en place la vie coopérative. La structure leur est imposée mais les interstices ont valeur de brèches : le droit de se déplacer, le droit à des espaces de parole, le droit de communiquer. Autant de creux dans lesquels les enfants peuvent s'engouffrer pour faire bouger le système, l'interroger, le malaxer, le défaire et le refaire pour mieux vivre ensemble. La structure de la classe coopérative est une coquille vide que les enfants auront à remplir ensemble.

---

[50] Guy Coq, *Laïcité et République*. pp. 164-165.

ATELIERS D'ECRITURE
La classe écrit : courrier, correspondance, comptes-rendus, résumés, écrits collectifs ou individuels, textes libres, réflexions sur la langue et corrections, mises au propre.

JOURNAL SCOLAIRE.
Outil de mise en valeur des productions des enfants. Textes libres, comptes rendus de sorties, enquêtes, dessins. Il est l'un des supports de communication entre le groupe classe et son environnement.

TATONNEMENT
Des projets, des manipulations, de la vie collective naissent des situations problèmes qui font l'objet de recherches.

RECHERCHE DOC.
Les recherches des enfants se concrétisent sous la forme d'exposés qui sont présentés à la classe sous la forme de conférences, d'albums, de reportages pour le journal, de panneaux d'exposition.

PRESENTATION DES TRAVAUX
Chaque production d'enfant : texte, dessin, construction d'objet, recherche maths... est présentée à la classe qui évalue, critique, fait des propositions pour améliorer.

LE CONSEIL COOPE
Clé de voûte de l'organisation de la classe. C'est au conseil que toutes les décisions sont prises en commun. C'est là que s'organise et se décide le travail de la semaine à venir après avoir fait le point sur la semaine passée. C'est aussi un lieu de régulation des conflits et de construction des règles de vie.

QUOI DE NEUF ?
Entretiens du lundi matin. C'est la petite lucarne qui s'ouvre sur le monde extérieur. Il motive l'accès à la parole, des situations d'écriture, des situations de recherche (documentaire, mathématique, scientifiques...)

ALBUM DE VIE
Carnet de bord, mémoire de la classe, il circule dans les familles.

EMPLOI DU TEMPS
Il se négocie et se reconstruit chaque semaine en fonction des projets.

PLANS DE TRAVAIL INDIVIDUELS
De l'émergence des besoins, des erreurs, se construisent des parcours personnalisés à l'aide de plans de travail, de fichiers autocorrectifs, de grilles de relevés d'erreurs, de tests d'autoévaluation.

CORRESPONDANCE
Réseau d'échange de journaux scolaires, d'exposés, source d'information et confrontation avec l'extérieur. Courrier fax E-mail Nous ne sommes pas seuls

GESTION DE L'ESPACE
Le centre de la classe favorise l'échange, le travail en groupes. La périphérie de la classe favorise l'organisation d'ateliers, de coins à thèmes. L'organisation de l'espace est négociable en conseil.

21-09. Le conseil, clé de voûte de la classe coopérative.

Depuis la rentrée, peu de choses se sont passées sur le plan coopératif. Les deux premières semaines ont surtout été mises à profit pour distribuer les cahiers et en expliquer leur fonctionnement. Ils ont écrit leur premier texte sur les vacances et l'ont tous lu à la classe, mais on ne peut pas encore véritablement parler de chantiers d'écriture. J'ai également pu leur faire passer quelques tests en opérations, ce qui m'a permis de mettre en place le fichier d'opérations, ainsi que celui de problèmes logiques. Ils ont aussi commencé à travailler sur leur cahier de T-O (technique opératoire), livret programmé sur lequel chacun, à son rythme, par tâtonnements, construit la notion de nombre. Ces quelques fichiers déjà en route vont me permettre de démarrer les plans de travail individuel. Il est temps de faire le point avec eux leur expliquant ce qu'est un conseil.

Le conseil coopé. agit comme l'instance organisationnelle et décisionnelle de la classe. A la fin de chaque semaine, la classe s'installe en cercle, fait le point sur la semaine passée, prépare la semaine suivante. C'est là que s'organise le travail, se règlent les conflits, se construit la loi. D'ailleurs, depuis qu'incivilités et violences alimentent le quotidien des espaces scolaires, un texte ministériel encourage ce genre d'initiatives :

" *Les projets d'initiatives citoyennes doivent s'inscrire dans une démarche qui s'étendra sur toute une année scolaire. Ils s'appuieront sur des formes d'organisation choisies par des élèves : assemblées générales avec ou sans représentants élus, délégations, associations, conseils... (...)*
C'est à partir de la vie de la classe que les élèves découvriront les règles de la vie en commun en participant notamment :

- à des dialogues sur des vrais problèmes à résoudre à l'occasion de cas concrets rencontrés dans la vie collective (dans la classe, en cour de récréation, à l'occasion de sorties);

- à des activités de langage invitant à écouter les autres, à argumenter et à négocier afin d'apprendre à se maîtriser (apaiser un différend, réparer une faute, se réconcilier).

(...) Tout au long de l'année, la préparation de ces actions et leur mise en oeuvre nécessitera maints apprentissages. Ce sera l'occasion d'acquérir, par l'action mais aussi par la réflexion, des connaissances et des notions élémentaires sur les règles de morale, les principes de la vie démocratique, les institutions de la France. Ainsi pourra se développer, de façon vivante, concrète et à l'échelle de tout le pays, le sentiment que chacun peut apporter sa contribution à la collectivité par son initiative, ses efforts et que chacun appartient à la collectivité nationale autant par l'exercice de ses devoirs que par l'application de ses droits.[51]

Malgré les protestations velléitaires de quelques anciens, j'anime donc ce premier conseil, où le débat ne s'installe d'ailleurs pas encore. Ce premier moment me sert simplement à esquisser quelques contours organisationnels :

- Mise en place des feuilles de vie :
"J'ai aimé", "Je n'ai pas aimé", "Je propose". Ces feuilles, scotchées sur les portes d'une armoire depuis quinze jours ont déjà reçu quelques remarques de la part des anciens :

---

[51] Initiatives citoyennes à l'école, pour apprendre à vivre ensemble. Texte ministériel du 18-10-1997.

Ophélie : "Je propose qu'on démarre le T.I. (travail individuel).

Bénédicte : "Je propose qu'on aille au gymnase".

Je réponds à leurs premiers desiderata et j'en profite pour faire expliquer le rôle de ces panneaux d'expression. Chacun peut venir y écrire ce qu'il veut tout au long de la semaine : plaintes à propos disputes, envies, propositions, les remarques qui s'y inscrivent alimentent l'ordre du jour du conseil.

- Distribution des "métiers".
"- Il y a trop de travail à faire, leur dis-je, il faudrait que vous m'aidiez".

Responsables du registre d'appel, du photocopieur, du matériel de sport, du rangement des fichiers, messager, distributeur, trésoriers... Vingt-six métiers à trouver et à répartir. La société leur impose l'école, obligatoire. Combien sont là de leur propre désir et, comme nous le prouve la pédagogie institutionnelle : "d'abord faire naître le désir". Ainsi, donner une responsabilité à chaque enfant, c'est déjà les faire exister en tant qu'êtres sociaux au sein d'une communauté, les faire exister les uns par rapport aux autres en les rendant interdépendants : chacun sait ce qu'il doit et ce qu'il peut attendre des autres. Alors, *"ils vont s'inscrire sur le grand tableau des métiers. Ils commencent à exister dans la classe, pour/par les autres, nécessaires et responsables, avant d'exister pour soi"*.[52]

- Construire un ordre du jour :
Pour qu'il existe réellement et qu'il soit crédible au regard des enfants, le conseil doit être efficace. C'est à dire que les

---

[52] Catherine Pochet, *Qui c'est l'conseil ?* p. 54

sujets évoqués doivent être débattus démocratiquement, que des décisions doivent être prises, et surtout qu'elles soient appliquées. Construire un lieu de parole qui tournerait à vide serait voué à l'échec au bout de quelques semaines. Il faut donc alimenter le conseil par leurs préoccupations d'enfants au service de la construction de la classe en tant que groupe. Structurer le conseil par un ordre du jour, c'est les aider à structurer les débats, à éviter les tergiversations, à faire en sorte que leurs décisions prennent vie dans la classe. J'affiche alors un ordre du jour "type" qui servira de guide aux premiers conseils :

1. Bilan de la semaine passée, problèmes ou difficultés rencontrées.
2. Comptes coopé. La parole aux trésoriers.
3. Abonnements - correspondance. Qui prend quoi ? Qui fait quoi ?
4. Je propose.
5. J'ai aimé.
6. Je n'ai pas aimé.

- Une responsabilité difficile : l'animateur :
" *Combien de français, combien de fonctionnaires doivent faire effort d'imagination pour appréhender intellectuellement la notion de président de séance ? Il a fallu trouver d'autres mots. Facilitateur, coordinateur, modérateur, animateur ont l'inconvénient d'escamoter le fait, dans le lieu et le temps limités de la réunion, le président de séance a le pouvoir et en use, donne, retire : distribue la parole. Il est garant de la liberté d'expression de tous. Cette responsabilité précise requiert une compétence certaine : maîtriser les phénomènes de groupe, entendre réagir juste et à temps, sortir d'affaire un participant désemparé, etc. Des enfants de huit ans peuvent acquérir cette compétence*".[53]

---

[53] Catherine Pochet, *Qui c'est l'conseil ?* pp.49-50

Je donne quelques repères à la classe quant aux fonctions de l'animateur : construire l'ordre du jour avant le conseil, veiller au bon fonctionnement de la parole : que chacun puisse s'exprimer et surtout être entendu, suivre l'ordre du jour, faire prendre des décisions. Sur le mur, en face du tableau, j'ai collé quatre grandes étiquettes : PROPOSER, DISCUTER, DECIDER, APPLIQUER. Ces quatre verbes, inscrits chronologiquement servent de trame pour chaque sujet important est abordé.

L'animateur est aidé dans sa fonction par un secrétaire qui note toutes les décisions prises avant de les inscrire sur le tableau de vie coopérative. Chaque conseil fait également l'objet d'un compte-rendu consigné dans un cahier.

J'en reste là pour cette première réunion. J'ai beaucoup parlé, j'ai amené beaucoup de choses, trop peut-être. Ont-ils compris la moitié de ce que je leur ai raconté ? Certainement non. Il faudra, comme chaque année, qu'ils vivent les choses, qu'ils se les approprient. Les dix anciens ont suivi, m'ont beaucoup aidé en expliquant aux autres comment cela se passait. Ils serviront d'ailleurs de moteur et seront pour moi de précieux alliés.

Chapitre 4.
QUOI DE NEUF ?

Un lundi matin, 8h 30.

Les enfants entrent dans la classe, le brouhaha s'installe. Entre la cantine, l'ordinateur qui s'allume, les rideaux qui s'ouvrent, les plantes qui boivent et les poissons qui mangent, l'animateur de semaine a pris un Velléda et inscrit des doigts qui se lèvent. Petit à petit, le brouhaha tend à s'estomper. C'est en général à ce moment-là que je prends la parole pour dire:

- *"On va peut-être pouvoir démarrer ?!"*

La dizaine d'enfants qui demande en général la parole va se succéder pour raconter son week-end chez mamie, son match de foot, sa sortie dominicale. Certains présenteront un article de journal, un livre, un objet.

Jusqu'aux vacances de la Toussaint, je n'interviens pas, je relance peu: aucun texte à produire, aucun exposé à travailler. Je ne suis pas pressé d'installer les enfants dans une sorte de scolastique. La seule chose qui m'importe, en ce début d'année, c'est de privilégier ces moments vrais de parole où l'on vient dire pour le plaisir de dire. D'abord, installer des espaces de parole dans la classe. Le reste suivra... Mais plus tard.

Premier bilan aux vacances d'automne (6 semaines), sur les 26 enfants :
- 50 interventions.
- 9 n'ont pas pris la parole.
- Corentin l'a prise 6 fois, soit à chaque semaine.

Ce qui donne une moyenne de deux interventions par enfant et 8 interventions par semaine. Thèmes évoqués :
- 15 sorties (dont 5 sorties nature et 4 culturelles)
- 9 présentations d'articles de presse
- 11 résumés oraux de matchs de foot (d'enfants jouant en club)
- 3 présentations d'objets

Ces bilans, systématiquement renvoyés au groupe classe, s'ils servent en quelque sorte d'évaluation, incitent surtout les plus timides à venir présenter quelque chose à leurs camarades. Et petit à petit, la vie entre dans la classe. Le "Quoi de neuf ?" agit comme interface entre leur vie privée et leur vie scolaire. Plutôt que de devenir des élèves une fois en classe, ils restent d'abord des enfants, avec leur subjectivité, leur sensibilité : "*Il faut éviter à tout prix qu'ils se dédoublent et se dépersonnalisent en franchissant le seuil de l'école, la pensée et l'affectivité de l'enfant restant à la porte, l'écolier pénétrant dans la classe qui lui impose ses normes. (...) L'enfant qui sait à quel point l'Ecole continue la vie, arrive les yeux vifs, la bouche confiante, les mains pleines des richesses qui l'ont arrêté en chemin. C'est la vie dans toute sa complexité qui vient battre comme une marée invincible les murs ou la porte de l'école.*"[54]

D'abord accéder à la parole.

Agissant comme une fonction phatique, ce rituel du lundi matin permet une entrée en douceur dans l'activité scolaire de la semaine. Cette entrée dans la semaine, ritualisée, structure le temps. Ils savent que ce moment existe, qu'ils ont la possibilité de venir évacuer d'éventuelles tensions : "*Lieu de parole accueillant à n'importe quoi, à la vérité, au mensonge, à l'imaginaire, aux fantasmes ; vacuole

---

[54] Célestin Freinet, *Conseils aux jeunes*, p. 36.

indispensable au fonctionnement de la classe, trou dans le quotidien. Si un gosse a l'esprit occupé..."[55]

Et ça cause, et ça cause, parfois de banalités qui donnent l'impression de perdre du temps. Savoir ce que Franck a mangé ce week-end n'est pas pour la classe d'un intérêt vital. Et pourtant, pour Franck, qui ne voit pas son père, qui passe l'essentiel de son temps la tête dans les bras croisés, à rêver, existe au "Quoi de neuf ?" comme être social au sein d'une communauté familiale par le biais des repas dominicaux chez grand-mère. Ou bien encore Florent, enfant difficile, arrivé en cours d'année, marqué par des difficultés, qui raconte :

"*Dimanche, j'ai été chez mon grand-père dans les Vosges. Il a un élevage de lapin. Il m'a montré comment on les tuait, c'est dégoûtant, il y a plein de sang...*"

Réactions diverses de la classe, du dégoût à l'intérêt. Certains demandent moult précisions et Florent, ravi de captiver son auditoire, non seulement existe dans la classe, mais permet à cette dernière d'amorcer une interrogation sur la mort : "*Hélas, si l'enfant parle de ses petits animaux familiers - rien jusqu'ici que de bien connu -, ce peut être pour en évoquer longuement la mort... Où les évidences familières, les images rassurantes s'effondrent. Au-delà des images, c'est à un regard sur le réel de la mort que peuvent nous confronter les enfants*". "[56]

Ma fonction d'enseignant m'inciterait à exploiter ces moments de parole pour faire de l'histoire, de la géographie, des sciences ou tout simplement du langage. Autrefois, j'aurais peut-être plus facilement sauté sur la moindre occasion pour relancer sur un sujet d'actualité, sur un texte à

---

[55] F. Oury, *De la classe coopérative à la pédagogie institutionnelle*, p. 508.
[56] Francis Imbert, *Médiations, institutions et loi dans la classe*, p. 95.

produire ou un exposé. Mais si le "Quoi de Neuf ?" peut effectivement être une source de déclencheurs de travaux plus scolaires, il prend tout son sens, s'enrichit, s'épaissit au fil de l'année en restant sur des objectifs d'accession à la parole. D'ailleurs, Philippe guide n'écrit-il pas : (...) "*Un troisième point est l'accès à la parole. J'ai mené beaucoup de travaux avec des élèves de zones d'éducation prioritaire. La première chose qui nous a frappé (...) c'est l'extrême difficulté de ces jeunes à parler et à structurer un récit, à utiliser des "déclencheurs narratifs" tels que "c'est à ce moment-là que...", "ce jour-là, il m'est arrivé quelque chose qui a été important pour moi...", toutes ces expressions qui permettent de transformer les faits en événements. Transformer les faits en événements, cela paraît quelque chose d'anecdotique, de secondaire, ou même de philosophique, d'un peu ésotérique. C'est pourtant la condition même de l'accession à la situation de sujet. Un sujet, c'est quelqu'un qui transforme des faits en événements, c'est à dire qui inscrit des faits dans une trame, qui inscrit des faits dans une histoire qui leur donne du sens... Or, qu'est-ce que nous avons observé chez des élèves en situation d'exclusion ? C'est leur incapacité à relier les choses entre elles. Ils ne nous racontent pas leur vie, ils nous jettent à la figure des images comme dans un mauvais clip vidéo où rien ne débouche sur rien, où les faits se télescopent dans une sorte de mélange extraordinaire qui ne permet pas de faire émerger de l'ordre, de ce que RICOEUR appelle "le temps de la vie", le récit temporel (...) L'échec sur la parole est encore bien plus grave que l'échec sur la lecture et l'écriture (...)*
Nos élèves ne savent pas faire des phrases, et ce n'est pas seulement un problème de grammaire, c'est un problème d'accès à la parole, et à travers la parole, à travers la citoyenneté". [57]

---

[57] Philippe Meirieu, in *Cahiers pédagogiques n° 340*, p. 24.

Ainsi, au fil des semaines, le "Quoi de neuf ?" devient une institution incontournable dans la classe, avec ses rites, ses moments forts, ses banalités, ses débordements sur le temps, atteignant des pics en mars/avril.

- 08-03 : 10 prises de parole.
- 16-03 : 17 prises de parole.
- 22-03 : 17 prises de parole.
- 06-04 : 19 prises de parole.

Qui a dit que les enfants n'avaient rien à dire ? Ils se racontent, racontent le quotidien, leur vie prenant de l'importance au sein du groupe car ils sont écoutés, questionnés. De leurs préoccupations naissent des sujets de recherche, des productions écrites. Le tableau récapitulatif en annexe I est d'ailleurs suffisamment évocateur. Si les petites anecdotes de leur vie quotidienne arrivent largement en tête, leurs sorties culturelles vont provoquer des recherches documentaires, des exposés (Les champignons, la Cité des Sciences, la 1° guerre mondiale, le jazz, les écluses, le Futuroscope...). Par le biais de la presse enfantine, ils se sensibilisent à l'actualité nationale et internationale. Les sujets qu'ils retiennent et présentent à la classe sont loin d'être futiles : *la pollution, les enfants et la guerre, sur la piste des mammouths, conseil municipal d'enfants, la fin du Ramadan, le racisme, bombardements au Kosovo...*

S'intéresser aux affaires de la cité, c'est faire un pas vers une construction citoyenne, en accédant à une culture, et plus précisément une libre culture, comme la définit P. Canivez, comme *"une activité que l'individu mène pour lui-même, ou parce qu'il s'intéresse à sa communauté (à ses problèmes ou à ses traditions).*[58]

---

[58] P. Canivez, *Eduquer le citoyen*, p. 111.

De la parole à l'écriture.

De plus en plus, les enfants profitent de cet instant de parole pour lire des textes libres produits à la maison. Fuite de la prise de parole ? Peut-être, mais je penserais également structuration de leur pensée, de leur histoire. Peu importe, sans demande institutionnelle, sans pression scolaire, certains d'entre eux investissent naturellement cette technique comme espace de liberté d'expression pour communiquer des écrits, allant de la simple narration :

Corentin - CM2 - 10 ans

"Le 26-10, je suis allé à la Cité des Sciences à Paris. J'ai vu l'Explora, une grande exposition sous forme de rallye. J'ai vu la fusée Ariane 5 et son moteur, elle pouvait contenir deux satellites. J'ai vu la maison de l'espace et un mannequin qui racontait comment c'était dans l'espace. Je suis allé à l'étage au-dessus pour voir les roches et les volcans. On y voyait les mouvements de la terre, des volcans en éruption et des astéroïdes. Ensuite, je suis allé aux jeux de lumière. C'était une salle avec des cercles à tourner et à regarder au milieu, ça faisait comme des mouvements...

Au "texte libre" habité de sens, de questionnement philosophique, qui prend parti. Comme ce texte qui interroge sur la violence, point névralgique des débats sur la citoyenneté :

Iman - CM2 - 10 ans.

La peine de mort
Je ne suis peut-être qu'un gamin mais demain
Je veux tous nous voir main dans la main
Pour l'abolition de la peine de mort.

Je veux que tous les pays fassent un effort
Pour signer une convention
Qui interdira toutes les intentions
D'enlever des vies
Allongé sur un lit
Ou assis sur une chaise
Ou pire encore d'une balle en plein coeur,
Tout cela pour avancer votre heure.
Je sais que tous ne sont pas innocents
Et qu'il y en a qui font tomber des gouttes de sang
Mais est-ce qu'il faut régler la violence par la violence ?

Iman est d'ailleurs un habitué des institutions de la classe. Déjà là l'an dernier, il en connaît les rouages, les subtilités, les limites. Elevé par sa maman, c'est un véritable enfant des quartiers, casquette à l'envers, look de rappeur, il entretient une relation ambiguë à la violence. Il en parle souvent, mais agit toujours de façon pacifique, ou par violence maîtrisée. Ainsi, au lieu d'utiliser le conseil coopé. pour manifester de l'hostilité à l'égard de Patrick, Iman utilise l'écrit au "Quoi de neuf ?" pour régler ses problèmes :

Je déteste Patrick

Patrick, il me tape.
Patrick, il m'embête.
Patrick, il m'énerve.
Patrick, je l'aime pas.

Tous les jours, il fait son intéressant. Il se croit le plus fort mais en fait c'est le bébé de l'école. Un jour, je lui ai demandé ce qu'il s'était fait au bras et il m'a dit :

"- J'ai tombé du vélo !"

Même que l'autre coup, il fallait calculer 5 x 7 et Patrick a mis une demi-heure pour trouver la réponse. Et en plus, sa réponse était fausse.

Formulant ainsi son antipathie à l'égard de Patrick, il maintient une distance, prévient le groupe classe et préserve tout le monde de violences physiques. On peut penser que le "Quoi de neuf ?" aura servi de moment de régulation : *"Tout le monde aujourd'hui - psychologues, sociologues...- s'accorde pour reconnaître que la violence naît d'un déficit de communication. Le psychanalyste dirait que la violence est la parole non aboutie. Or la pédagogie Freinet est une pédagogie de la communication. (...) Elle est donc apte à régler un certain nombre de problèmes."*[59]
Ce qui fera écrire à André, camarade du mouvement Freinet, lors d'un chantier d'écriture, que le "Quoi de neuf ?" n'est rien d'autre qu'un conseil coopé.

Parfois, une simple petite phrase, presque anodine, joue le rôle de déclencheur. Ainsi, l'annonce par Mathilde de la naissance d'un petit frère va faire resurgir chez Corentin, second d'une famille de quatre, des "souffrances" enfouies dans l'inconscient. Le passage à l'écrit, la lecture au groupe, puis l'impression dans le journal, agit comme une thérapie qui lui permet peut-être de régler définitivement l'acceptation de ne plus être le petit dernier :

Corentin - 10 ans.

Un bon conseil, ne demandez jamais un petit frère ou une petite soeur à votre maman ou à votre papa. Je vais vous raconter pourquoi.

C'était l'année dernière, un mercredi, ou peut-être bien un jeudi ou un vendredi. Peu importe. J'étais à la

---

[59] Eric Debarbieux, in *Animation et Education, n° 136*, p. 16.

maternité avec mon père. Tic tac, tic tac, tic tac... La pendule au fond du couloir résonnait.

OUIINN !!! Soudain, un cri perça le silence lugubre de la maternité. Mon père bondit du fauteuil, prit ses jambes à son cou et courut vers la chambre 201, je m'en souviens, c'était la chambre de maman. Moi, comme un imbécile, tout affolé, je courus partout dans le couloir et percutai la pendule qui s'écroula sur moi. Une infirmière accourut et dit :

"- Oh ! Ma pauvre pendule !"

Ben v'là ! Maintenant, on s'occupe de la pendule. Enfin, bref, c'est un détail.

Une fois à la maison, plus personne, plus de bruit. Je m'avançai dans le couloir, je mis un pied dans le salon et j'entendis les copines de maman glousser :
"- Oah ! Qu'il est mignon avec son petit nez, disait l'une.
- Quels petits pieds tout ronds, s'étonnait l'autre."
Ca n'a pas arrêté de la journée. Un soir, j'en eus tellement assez que je descendis dans le salon, je pris le bébé, je sortis sur le balcon, prêt à le balancer par-dessus bord.

OUIINNN !! Bébé se réveilla (et à ce moment, je pense que tout le quartier aussi). Moi, j'essayai de crier plus fort que lui pour le faire taire. C'est à ce moment-là que mon père arriva. Je marmonnai entre mes dents:

"- Ca se gâte !"

Je pris mon courage à deux mains, ravalai ma salive, et tout fier de moi, j'expliquai à papa :

"- Je faisais tout simplement prendre l'air à bébé."

Mon père, un peu fâché, s'exclama :

"- A cette heure-ci, mais t'es pas bien!"
Moi, je marmonnai. Et le lendemain, les copines de ma mère continuaient à glousser :
"- Quel beau pied tout rond !"
- .....
Enfin, bref. Je vous le répète, ne demandez jamais à vos parents un bébé. Quant à moi, je vais essayer de le noyer dans un bain de boue, ça va être dément !

Ainsi, ces espaces de parole où tout se dit, tout peut se dire, constituent un formidable outil de construction de soi, à l'aide des autres. *"Leur expression revêt un caractère à la fois structurant et libératoire pour le développement de la personne dans ses dimensions culturelles et citoyennes"*[60]

---

[60] André de Peretti, in *Animation et éducation, n° 141*, p. 14.

Chapitre 5.
LE RESEAU D'ENTRAIDES

Samedi 26 septembre, 1° conseil coopé.
Animatrice : Bénédicte - Secrétaire : Sophie.

10h 30. Nous entrons en classe. Les enfants prennent leurs chaises et s'installent en cercle sur toute la périphérie de la classe. L'ordre du jour a été affiché au tableau, Bénédicte et Sophie sont à proximité. Le calme s'installe, le rituel aussi :

- <u>Dom. (maître)</u> : *La parole est à Bénédicte.*

- <u>Bénédicte</u> : *Le conseil du 26-09 est ouvert. 1° point, est-ce que les décisions de la semaine passée ont été appliquées ?*

- <u>Mick</u> : *Non, les étiquettes de prêt ne sont pas faites. On ne sait jamais qui a emprunté du matériel à la classe.*

- <u>Dom</u> : *Je les ferai pour lundi matin.*

- <u>Bénédicte</u> : *Qui a rencontré des difficultés cette semaine ?*

- <u>Iman</u> : *Moi, j'ai pas réussi à faire la fiche divisions D1.*

- <u>Bénédicte</u> : *Qui peut l'aider ?*

Aucun doigt ne se lève.

- <u>Dom</u> : *Moi !*

- <u>Patrick</u> : *Moi, j'ai pas réussi la fiche M6.*

- <u>Ophélie</u> : *Moi, je peux l'aider, je l'ai déjà faite.*

- <u>Franck</u> : *Moi c'est aux logiques bleues que j'ai eu des problèmes.*

- *Mathilde* : *Je peux l'aider, j'ai déjà fait la série bleue.*

Bénédicte : *Plus personne n'a besoin d'aide. Sophie, tu notes les aides. On peut passer au point suivant (...)*

A part une proposition pour le festival de jazz et un conflit entre Thomas et Mick, le conseil est vite terminé. En vingt minutes, nous sommes au bout de l'ordre du jour. Peu d'enfants ont pris la parole. Et, à part Mick qui est responsable du prêt de matériel, et donc directement concerné, ceux qui ont demandé de l'aide sont les "anciens". Demander de l'aide ! Quelle drôle d'idée. Demander de l'aide, c'est avouer un échec, une incapacité, une faiblesse. Chose impossible, défendue, dans une école où seule la réussite est acceptée, la faute sanctionnée. *"Le principal postulat sur lequel repose l'intériorisation de l'échec est : chacun réussit selon ses aptitudes et son mérite"*[61], dénonce l' I.C.E.M., et propose une éducation du travail, d'un travail créateur, librement consenti, là où *"l'affermissement de la volonté de l'enfant ne naît pas des exhortations des adultes, ni même de la menace des sanctions, mais du désir de surmonter des difficultés qu'il a choisi de vaincre"*.[62]

Rien de surprenant si à ce premier conseil les enfants sont interloqués à la question "Qui a rencontré des difficultés ?", et de surcroît lorsqu'elle est posée par un pair. Avouer une difficulté à un adulte, c'est déjà prendre sur soi, mais c'est un obstacle franchissable dans le sens où l'enfant s'inscrit dans une relation hiérarchique de dépendance au savoir. Mais avouer une incapacité à un autre enfant de la classe, c'est s'installer dans une relation d'infériorité alors qu'elle est au départ horizontale, et ainsi créer une hiérarchie dans la classe : du bon au mauvais élève. N'a-t-on pas tous

---

[61] Collectif I.C.E.M., *Perspective d'éducation populaire*, p. 32.
[62] Id., p. 80.

connu les antiques pratiques du premier de la classe, du bonnet d'âne, du tableau d'honneur et de l'avertissement ?

Avouer ses difficultés, c'est déjà avoir choisi de les surmonter. Installer dans une classe un espace coopératif où les difficultés peuvent se dire au grand jour, devant tout le monde, c'est démystifier l'échec, le rendre banal, normal. Et plutôt que de cautionner des inégalités naturelles ou pleurer sur des inégalités culturelles, déjà éviter que l'institution scolaire elle-même soit trop génératrice d'échecs. D'ailleurs, le mot "faute" est vite banni de la classe pour lui préférer celui d'erreur qui *"est par définition inconsciente d'elle-même, donc involontaire, donc innocente."*[63]

Au cours de ce premier conseil, les principaux protagonistes sont les "anciens". Les autres sont encore suspicieux. Peut-être pensent-ils qu'il s'agit d'une nouvelle farce pédagogique, et en attendant d'en être les dindons, ils préfèrent attendre, observer, et surtout ne pas se manifester. A part Mick, qui teste l'efficacité du système : ayant pris la responsabilité du prêt du matériel, il constate des déficiences dans son mode de gestion : "les étiquettes ne sont pas prêtes". La balle est dans mon camp. Je sais que si je ne prépare pas les étiquettes la semaine prochaine, ce conseil aura été "de paille". Entériner sa demande, c'est légitimer l'existence du conseil. Les étiquettes seront faites le lundi suivant et engendreront d'autres demandes pratiques sur la gestion de la classe.

Mais à part Mick, qui d'ailleurs ne prend pas trop de risques, il n'y a que trois demandes d'aide, et ce ne sont que des demandes "d'anciens".

Iman ne sait pas comment on fait des divisions (fiche D1). Rien de plus naturel en ce début d'année. Personne ne peut l'aider. Quoi de plus normal. Iman est à l'aise en technique opératoire, il est déjà bien avancé sur le fichier

---

[63] Olivier Reboul, *Les valeurs de l'éducation*, p. 36.

opérations. Alors que certains traînent encore sur des additions ou des soustractions, la majeure partie de la classe s'exerce sur les multiplications décimales. Alors qu'Iman, lui, est bon en opérations... Et il demande de l'aide !

Comme personne ne se propose, je lève le doigt pour aider Iman, montrant ainsi qu'à cet instant, j'agis comme une personne ressource dans la classe, presque au même titre que les autres enfants. D'ailleurs les anciens, précieux alliés en ce début d'année, vont le prouver : Patrick, qui ne s'en sort pas avec ses multiplications, trouve de l'aide auprès d'Ophélie qui en est beaucoup plus loin et Franck, pas très à l'aise en problèmes de logique, se fait aider par Mathilde qui dévore ce genre de situations. Sophie, la secrétaire de séance, n'a plus qu'à noter tout cela sur la feuille de compte-rendu. Affichée sur le panneau de travail coopératif, elle donnera l'autorisation à ceux-là, de travailler à deux pendant les séances de travail individuel de la semaine.

Les avantages du réseau d'entraides.

Ce réseau d'entraides agit ainsi à plusieurs niveaux :

- Il permet de dépasser les barrières sexistes : filles et garçons s'entraident au gré des besoins, banalisant ainsi relation homme/femme au travail dans une relation horizontale.
- Il démystifie en partie la notion d'échec, la transforme en difficulté momentanée, ciblée sur un point particulier, plus facilement surmontable avec l'aide de quelqu'un, valorisant ainsi le travail en équipes et les valeurs attribuées à la coopération. De la difficulté à surmonter va naître une envie, un désir de se dépasser, à l'aide de l'autre.
- Il démystifie la notion d'adulte source unique du savoir. *"Un savoir non partagé humilie ceux qui n'y ont pas*

accès"[64]. Dans l'école traditionnelle, l'adulte détient le savoir et le distille parcimonieusement, au gré des programmes, de ses envies, freinant ainsi les plus rapides, brusquant les plus lents, entretenant l'enfant dans un climat de dépendance. Dans la classe coopérative, les réseaux d'entraides permettent à chacun d'être personne ressource. Chaque enfant peut, à un moment donné, valoriser le fruit de ses apprentissages et par là, la notion de travail. De plus, le savoir devient ainsi collectif, accessible à tous. Peu à peu se construit une identité collective, une culture collective, qui fait dire à Jean Vial, à propos de la vie coopérative : *"... La classe n'est plus seulement une unité pédagogique, à la mesure du maître ; intégrant, respectant, et exprimant chacun de ses membres, maîtres et enfants, elle devient un capital particulier de biens, d'idées et d'amis; elle se définit par un style singulier de vie, de travail et de relations, d'une riche diversité de formulations ; elle se crée une personnalité ; elle devient une réalité sociale authentique"*[65].

- Il permet aux enfants qui aident de passer en métacognition. L'enfant qui aide a pour consigne de ne donner aucune réponse. Il doit expliquer comment il procède pour parvenir au résultat, et s'assurer que son camarade est en mesure de refaire le chemin. Ce procédé révèle plusieurs avantages : permettre à celui qui explique d'expliciter sa démarche, ce qui constitue une situation d'apprentissage différente, permettre une verbalisation d'enfant à enfant (parfois différente de la logique de l'adulte), multiplier les modes d'accès au savoir.

- Il permet enfin une construction, une découverte de l'altérité. Les moments d'entraide se faisant indépendamment des atomes crochus, des relations d'amitié, mais en fonction des connaissances (je ne peux aider que si je suis passé par

---

[64] Boris Cyrulnik, in *L'ensorcellement du monde*.
[65] Jean Vial, in *Le Nouvel Educateur n° 97*, mars 1998, p. 22.

là). Les enfants sont obligés d'entrer dans une relation d'entraide avec des camarades qu'ils n'ont pas choisi, avec lesquels ils ont parfois des inimitiés, mais avec lesquels ils pourront tout de même faire un petit bout de chemin ensemble, et ainsi parfois dépasser des a priori pour mieux découvrir l'autre.

Ainsi, au fil des conseils, les demandes d'aides se feront plus nombreuses, multiples, variées, permettant à chacun de se construire à travers l'autre, par le groupe, validant le concept *"d'auto socio construction du savoir : construire par soi-même son propre savoir, par la médiation d'autrui, du groupe."*[66]

---

[66] Michel Tozzi, in *Cahiers pédagogiques n° 340, Eduquer à la citoyenneté*, p. 16.

Le droit

Le droit de tout faire.
Le droit de ne rien faire.

Des droits non respectés
Dans un monde d'insensés.

Ce monde qui pourrait évoluer,
Mais qui n'y arrivera jamais,

S'il continue comme ça,
A ne respecter aucun droit.

Justine - 10 ans

Chapitre 6.
DES LOIS... ET DES REGLES

Conseil coopé. du 8 octobre : premières lois.
Animatrice : Charlène - Secrétaire : Tiffany.
(...)

- <u>Charlène</u> : *On peut passer à la rubrique "Je n'ai pas aimé". Alex a la parole.*

- <u>Alex</u> : *J'ai pas aimé Abdel, mardi, il m'a piqué ma trousse.*

- <u>Abdel</u> : *C'était pour jouer !*

- <u>Ophélie</u> : *Ouais, ben t'as pas à jouer avec les affaires des autres !*

- <u>Charlène</u> : *Qu'est-ce qu'on fait ?*

- Franck : *On n'a qu'a mettre un numéro 4 à Abdel !*

- <u>Abdel</u> : *C'est quoi un numéro 4 ?*

- <u>Charlène</u> : *Quand t'as pas respecté une règle, t'as un numéro. C'est le numéro de la règle qu'il faut respecter.*

- <u>Cyril</u> : *De toute façon, les numéros, ça sert à rien, ça marche pas. On a beau se prendre des numéros, on continue quand même à pas respecter les règles.*

<u>Bénédicte</u> : *Oh ben Cyril, parle pour toi !*

<u>Charlène</u> : *Alors, qu'est-ce qu'on fait ?*

Ca n'a pas traîné. Un mois après la rentrée, au troisième conseil, les petites histoires, les petites taquineries prennent place à la une des discussions. Ophélie a bien intégré le fait qu'on ne joue pas avec le matériel, puisque c'est écrit sur un panneau, à l'article numéro 4. Elle l'a si bien intégré qu'elle ne se réfère même pas à la règle et rappelle le respect du matériel comme valeur fondamentale.

Elles sont au nombre de six, ces "lois" de la classe :

1. On ne se moque pas
2. On respecte la parole.
3. La violence est interdite.
4. On respecte le matériel.
5. On respecte le travail de chacun
6. On ne touche l'autre qu'avec son accord

Je profite donc de cette première altercation entre Alex et Abdel pour expliquer ce que sont ces lois : "Elles ne sont pas nombreuses mais si on arrive déjà à respecter ces points, cela peut suffire". Je ne me leurre pas. Ces quatre points vont surtout être des prétextes à expliciter ce que peut vouloir dire "On respecte la parole" : ne pas couper quelqu'un qui parle ? Ecouter l'autre même si on n'est pas d'accord avec lui? Ou bien encore *"parole médiatrice du désir qui autorise la rencontre symbolique de celui qui parle et celui qui écoute"*[67] ?
Cette première loi sera commentée, expliquée, décortiquée tout au long de l'année, au fil des tensions, des disputes, pour tenter de leur prouver que la parole est la première médiation, source de résolution des conflits. Les trois autres sont utiles au bon déroulement des activités.

Ces quatre premiers points font figure de loi aux yeux des enfants dans le sens où elles n'ont pas été construites, où elles sont *"marquées du sceau de l'extériorité"*[68], mais elles serviront de substrat pour une construction progressive des règles de vie de la classe, pour un passage de "Thémis à

---

[67] Francis Imbert, *Médiations, institutions et lois dans la classe*, p. 88
[68] Eirick Prairat, *La sanction*, p. 92.

Nomos", souligne Eirick Prairat[69] qui considère la classe comme un espace pré politique où, tout en construisant des savoirs, on y forme le futur citoyen et le futur démocrate en instruisant des lois, des règles pratiques et des règles de vie.

Alex regrette une agression. Ophélie signale que ce n'est pas bien. Charlène, animatrice, joue bien son rôle en demandant une solution, Franck (un ancien) rappelle la transgression et propose une sanction. Cyril démonte le processus de l'année précédente en affirmant que le système n'est pas efficace. "Qu'est-ce qu'on fait ?" insiste alors Charlène pour qui le problème n'est toujours pas réglé. La sonnerie annonce la fin prématurée de ce conseil. Je leur propose de remettre cette discussion au prochain conseil.

Conseil coopé. du 17 octobre. On s'organise.
Animateur : Rémi. Secrétaire : Baptiste.

(...) Je rappelle les lois de la classe, le fonctionnement de l'année précédente : celui qui n'a pas respecté une règle a un numéro, et je leur demande ce qu'ils pensent du système.

Cyril : L'année dernière, c'était pas bien, tu nous mettais des numéros, mais on s'en foutait.

Ophélie : Toi peut-être mais pas tout le monde.

Dom (maître) : De toute façon, cette année, je ne veux pas avoir la responsabilité de mettre les numéros, je ne suis pas là pour ça... Je propose que vous trouviez une solution à ce problème.

Rémi : Qui a des propositions à faire ?

---

[69] Id., p. 103.

Corentin : On n'a qu'à choisir des responsables de tables.

Baptiste : C'est nul, tout le monde va vouloir être le chef. C'est mieux si c'est Dominique qui met les numéros.

Ophélie : Mais puisqu'il dit qu'il veut plus le faire !

Bénédicte : Ça pourrait être le travail de l'animateur de semaine !

Charlène : Oui mais quand on a un numéro, l'écrire sur la grille ça suffit pas. L'année dernière, y'en a qui en avaient plein et ça changeait rien.

Rémi : On n'a qu'à le dire aux parents.

(...)

Dom : Rémi, est-ce que tu peux récapituler les propositions ?

Rémi récapitule les trois propositions et, après quelques précisions, fait passer la classe au vote. L'idée de confier cette tâche à l'animateur de semaine semble leur convenir. L'animateur de semaine, c'est celui qui va chercher le courrier chaque matin, qui présente la revue de presse, qui organise le "Quoi de neuf ?", qui gère les lectures de textes. Il a désormais une fonction supplémentaire : détenteur d'une grille avec les prénoms de la classe, il notera, en face de chaque nom, les éventuelles infractions à la loi. A la fin de chaque semaine, on récapitulera les infractions et elles seront notées sur le plan de travail hebdomadaire, signé par les parents à chaque fin de semaine. Cependant, si le système s'organise, des opacités subsistent. Qui constatera les infractions et décidera d'attribuer un numéro ? L'an dernier, ils m'avaient confié cette mission. Cette année, je la refuse d'emblée, *"il ne peut y avoir d'apprentissage de la citoyenneté qu'à travers son exercice réel. Or, dans la forme institutionnelle actuelle de la classe, les pouvoirs sont concentrés en une seule main : celle de l'enseignant. C'est le même qui enseigne, juge des résultats de cet enseignement et punit en cas de manquement aux règles. Il n'y a pas de séparation des pouvoirs (...) l'école ne peut jouer son rôle d'initiation aux responsabilités civiques qu'à la condition d'introduire progressivement cette séparation des pouvoirs"*[70]. De plus, Cyril a raison d'insister, et par deux fois au cours des deux conseils, il pose le problème de la sanction qui n'a toujours pas été abordé. Pourquoi des sanctions ? demandent F. Oury et A. Vasquez, *"simplement parce que la loi décidée en commun ne peut être mise en question n'importe comment et n'importe quand par un individu sans provoquer une réaction."*[71]

Conseil coopé. du 19 novembre. Les premières règles.
Animateur : Aurélien. Secrétaire : Bénédicte.
(...)

<u>Aurélien</u> : *On peut passer au point : "Je n'ai pas aimé". Ophélie a la parole.*

<u>Ophélie</u> : *J'ai pas aimé Samy, Patrick, Cyril, Mick et Alex. Ca fait plusieurs fois qu'ils rentrent de récréation en retard. Nous on est déjà en T-I, et eux, ils jouent encore au foot.*

<u>Mathilde</u> : *De toute façon, tous les garçons font ça, ils rentrent toujours en retard.*

<u>Corentin</u> : *C'est pas vrai, quand ça a sonné, moi, j'arrête de jouer et je rentre.*

<u>Gauthier</u> : *Ca peut pas être moi non plus, je joue pas au foot.*

---

[70] Bernard Defrance, *"Sanctions et disciplines à l'école"*; p. 74.
[71] F. Oury et A. Vasquez, *De la classe coopé. à la pédagogie institutionnelle*, p. 168.

Cyril : Ouais mais des fois ça a sonné et Dominique nous fait pas rentrer tout de suite, alors nous on continue la partie.

Dom : C'est vrai que j'arrive parfois une ou deux minutes après la sonnerie, mais souvent, je suis déjà en classe et vous arrivez après.

Charlène : Et ben t'as qu'à venir nous chercher dès qu'on est rangé.

Sophie : On n'a qu'à supprimer le foot, au moins, ils rentreront à l'heure.

Rémi : T'es pas gênée toi, moi, je rentre tout de suite, je vois pas pourquoi je serais privé de foot.

Dom : Qu'est-ce qui n'est pas respecté, quand certains arrivent en retard ?

Bénédicte : Ils ne respectent pas la sonnerie.

Julien : Il faudrait ajouter une règle sur le respect de la sonnerie.

Dom : C'est une idée, j'aimerais que vous trouviez une solution pour régler le problème de l'entrée en classe.

Aurélien : Qui a des propositions ?

Charlène : On se range deux par deux et on attend que Dominique vienne nous chercher.

Baptiste : Dès que ça a sonné, on entre en classe en silence.

Ophélie : Dès que ça a sonné, on se regroupe sous le kiosque.

Dom : *Et que fait-on de ceux qui seront quand même en retard ?*

(...)

Après quelques propositions de sanctions, toutes plus dures les unes que les autres, au sein desquelles je ne suis pas épargné, la classe parvient à un accord sur l'inscription d'une nouvelle loi : la ponctualité. Quant à la sanction, que j'ai réussi à introduire dans le débat, elle n'en est qu'au stade d'ébauche de réflexion. Si je les laisse faire, ils s'envoient tous au pilori. Tout y passe : privations, exclusions, punitions. Comment arriver à une sanction éducative pour qu'il y ait *"d'une part la réparation envers celui ou ceux qui ont été victimes de la transgression, d'autre part la réinstauration de la loi"*[72] ? Mais ne soyons pas trop pressés, brûler des étapes serait éliminer des chemins d'accès à la citoyenneté. Et puis ce conseil aura permis de faire naître une fiche de règlement intérieur de la classe, affiché dans la classe, recopié dans le classeur de chaque enfant, ce règlement va pouvoir servir de tampon d'explicitation entre les lois de la classe, valeurs générales, et leurs applications dans le quotidien.

Ce travail ne laissera pas Samy insensible puisqu'au cours d'une lecture de textes, il nous adressera ce clin d'oeil :

---

[72] Bernard Defrance, Id. p. 106.

Pour être insupportable

Pour être insupportable,
Tout d'abord,
Il faut monter sur les tables.
Ensuite arracher les rideaux.
Après écrire sur les murs
Et puis déchirer son cahier.
Mais attention,
Autant savoir s'arrêter.

Samy - 12 ans.

Chapitre 7.
UNE SANCTION EDUCATIVE ?

Une plainte de l'extérieur.

Mardi 24 novembre, 10 heures. Nous sortons en récréation. Avant de me rendre à mon poste de surveillance, cour 20, je file prendre un café à la machine, près du bureau de la directrice, ça tombe bien, elle voulait me voir.

Directrice : Dominique, est-ce que Patrick t'a parlé de quelque chose ce matin ?

Dom. : Non, pourquoi ?

Directrice : Ce matin j'ai reçu un coup de téléphone d'une dame. Elle est surprise, elle a acheté un journal à un enfant, elle l'a payé 10 euro et en le lisant, elle s'est aperçue que le prix affiché était de 0,50 euros, est-ce normal ?

Dom. : Non, le prix est justement affiché pour éviter les problèmes. Elle était en colère ?

Directrice : Non, au contraire, elle avait l'air gentille mais elle souhaitait nous prévenir pour que nous intervenions auprès du gamin. J'ai vu Patrick ce matin, je lui ai dit que ce n'était pas bien du tout, il m'a dit qu'il irait s'excuser auprès de la dame et qu'il lui rembourserait l'argent. Essaye de me tenir au courant.

J'avais eu, au cours de mes années naïves, des petits problèmes de vente de journaux, avec des enfants qui pratiquaient des prix sauvages et s'en mettaient dans les poches. Mais depuis, le prix est affiché sur la couverture. Je me croyais à l'abri de ce genre de mésaventure mais visiblement, un petit malin a réussi à contourner le problème. Je décide donc d'attendre le conseil de samedi pour voir si le sujet arrive sur le tapis.

Jeudi 26 novembre, 10 heures.
Rituel de l'instituteur : poste d'observation via la machine à café. Rencontre avec la directrice.

Directrice : Tu sais ce qu'a fait Patrick hier ?

Dom. : Non ! Il est allé s'excuser ?

Directrice : Il est allé voir la dame, il lui a soutenu que le prix était de 1 euro.

Dom. : .....

Directrice : Elle a retéléphoné ce matin pour me raconter ça. Elle ne souhaite pas faire d'histoire, elle connaît le gamin et la maman, ils sont pratiquement voisins. Elle souhaitait nous informer pour que nous fassions quelque chose auprès de lui.

Une histoire d'argent.
Conseil coopé. du samedi 28 novembre.
Animatrice : Charlène. Secrétaire : Rémi.

L'ordre du jour est dense : 6 demandes d'aide, une demande pour que le groupe de percussions de l'an dernier revienne, l'arrivée de "La Bergamote", journal scolaire d'une classe de correspondants, une proposition de changement du classeur de problèmes logiques qui est abîmé, deux propositions d'exposés, l'un sur les dinosaures, l'autre sur la

guerre de cent ans et les trésoriers qui demandent à faire le point sur la vente des journaux :
Bénédicte : Ca fait une semaine que les journaux sont en vente, il nous en reste encore dix. Y'en a trente-quatre qui ont été vendus, sept qui ne sont toujours pas payés.

<u>Paul</u> : Moi, j'amène l'argent lundi matin, je l'ai oublié à la maison.

<u>Charlène</u> : On aimerait bien que tout soit réglé pour le prochain conseil, qui peut en vendre encore ?

<u>Mick</u> : Moi, je peux en vendre encore trois.

<u>Tiffany</u> : Dominique, qu'est-ce qu'on fera de ceux qui restent ?

<u>Dom.</u> : Ils seront invendus, plus tard, je les donnerai aux étudiants qui sont intéressés.

<u>Charlène</u> : Oui mais ça va nous faire de l'argent en moins, ils nous ont coûté des sous pour les faire. Il vaut mieux tout vendre.

Ceux qui en veulent encore, vous pourrez venir en chercher tout à l'heure. On peut passer au point suivant ?

<u>Dom.</u> : Non ! Je pense que Patrick a des choses à nous dire.

<u>Patrick</u> : ......

<u>Dom</u> : Tu n'as rien à nous raconter à propos des journaux que tu as vendus ?

<u>Patrick</u> : ....

Dom : J'aimerais que tu racontes cela à la classe toi-même, à moins que tu préfères que je le raconte.
Patrick : .....
Iman : Ah, moi je crois savoir !

Je laisse à Iman le soin de raconter ce qu'il sait. Ils étaient visiblement deux à être au courant de l'histoire. Aussitôt, la classe réagit.

Rémi : Ouah ! C'est du vol !
Tiffany : C'est de l'arnaque, il profite du journal de la classe pour gagner de l'argent.
Mathilde : En plus, après les gens vont penser que c'est toute la classe qui vole de l'argent et on pourra plus vendre de journaux.
Baptiste : C'est pas juste qu'il profite de notre travail pour récupérer de l'argent.
Bénédicte : Ouais, non seulement il vole la dame, mais il vole aussi la classe.
Ophélie : Faudrait rembourser la dame, pour pas qu'elle pense que la classe vole.
Mathilde : On devrait même lui offrir le journal pour s'excuser.
Dom : C'est une bonne idée. Je propose même que ce soit Patrick qui y aille.

Iman : *Oui, mais il va peut-être encore dire que c'est un euro.*
Abdel : *On n'a qu'à envoyer quelqu'un avec lui !*
Corentin : *Moi, je veux bien l'accompagner.*

11h 30. Nous voilà tous les trois, Patrick, Corentin et moi, sur le chemin des écoliers pour redresser le dérapage. Patrick rend un euro, Corentin offre fièrement un "Ouvre-boîte" (nom de notre journal). La dame est en effet très compréhensive. Après quelques échanges très courtois, chacun se sépare. Il n'est pas fier Patrick. On ne l'a pratiquement pas entendu. Il a juste esquissé un vague mouvement de protestation quand il a entendu que j'étais du voyage mais la présence de Corentin a dû le rassurer, il ne s'est pas senti seul face à des adultes pour gérer ce problème.

Du journal scolaire...

Je devrais me sentir penaud, dans mes petits souliers. M'enfoncer dans le quartier des Trois Maisons un samedi, à la sortie des classes pour rembourser une dame qui s'est fait abuser par la naïveté d'un enfant relève de l'insolite. C'est la première fois que je vis une telle situation. Responsable pour une part des enfants de la classe, je m'attribue et le méfait de Patrick et les décisions de la classe dont je suis fier. Ce qui me donne une impression d'arrière-goût sucré salé.

Qu'a-t-il pu se passer dans la tête de Patrick ? Patrick le boulimique. Ses prédispositions à l'embonpoint ne l'aident guère à accepter son corps. En gym, il est toujours derrière les autres. Alors, pour compenser, il grignote : bonbons, gâteaux, graines de tournesol décortiquées dans le casier. A moins que ce ne soit pour oublier la séparation récente de ses parents, ou bien encore pour mieux faire passer ses difficultés scolaires. Il devait visiblement être en manque... d'argent de poche. L'idée de grignoter cinquante centimes par-ci, un euro par-là, sur la vente des journaux lui a traversé la tête, elle en a traversé bien d'autres. L'appât du gain n'est-il pas une déviance naturelle de l'homme baigné dans une société de l'argent, et c'est bien sûr le plus faible qui craque en premier. Qui est donc responsable ? Patrick qui a flanché, la classe qui, inconsciemment l'a tenté ? Ou bien encore l'école qui l'a confiné dans un statut d'enfant en difficulté. Jean Houssaye parle volontiers d'enfant disruptif : *"un enfant qui réagit à une image déqualifiante, que lui renvoie l'institution scolaire, comme celle d'un mauvais sujet"*[73].

Peu importe, trouver un responsable ne résous pas toujours les problèmes. Mais cette expérience nous renseigne sur plusieurs points :

- Les vertus de la réalisation d'un journal scolaire ne me sont plus inconnues. *"Le journal scolaire suppose la coopération scolaire. C'est un travail d'équipe qui prépare pratiquement à la coopération sociale des enfants"* nous dit C. Freinet[74]. En effet, à toutes les étapes de sa fabrication, les enfants ont pu travailler en équipes : écrits individuels sélectionnés par la classe, écrits par groupes, écrits collectifs, choix des illustrations, mise en page, vente, gestion financière. Il s'agit bien là de créations collectives où chacun a été confronté au groupe, générant parfois des conflits qu'il a bien fallu résoudre.

- Le journal scolaire *"fait partie des moyens d'ouverture de la classe vers le monde"* précisent F. Oury et A. Vasquez[75]. Au même titre que le "Quoi de neuf ?", le journal scolaire sert d'interface entre la classe et le monde extérieur, tant de façon générale sur les plans linguistiques et culturels que de façon plus spécifique en tant qu'outil, pour le

---

[73] J. Houssaye, *"Autorité ou éducation ?"*, p. 32.
[74] C. Freinet, *"Le journal scolaire"*, p. 89.
[75] F. Oury et A. Vasquez, *"Vers une pédagogie institutionnelle"*, p. 52.

groupe, d'identification et d'insertion dans le quartier. Et c'est pour cela que la classe réagit. Elle a une image à défendre, une image de probité. Leur honneur est en jeu. Un honneur qui les concerne tous car *"l'honneur est à la fois ce qu'il y a de plus individuel tout en étant foncièrement collectif. L'honneur d'un homme est ce qu'il craint le plus de perdre, plus au fond que sa propre vie ; et pourtant il le concerne en tant que membre, et surtout que représentant d'un groupe spécifique"*[76]. Les enfants savent qu'au travers du journal, c'est la vie du groupe que le lecteur extérieur observe. Ils se sentent en définitive plus agressés par l'image du groupe que Patrick va renvoyer à l'extérieur que par la faute en elle-même. Leur réaction consiste donc bien à trouver des solutions pour préserver ou restaurer l'image de la classe vers l'extérieur. Le projet d'un journal scolaire, s'il était au départ un projet proposé par maître, est devenu le leur, ils se le sont appropriés pour se construire une identité collective au sein de laquelle chacun se reconnaît, apportant encore une pierre à l'édifice de la construction citoyenne. D'ailleurs, F. Constant n'écrit-il pas que *"sans communauté, il ne peut guère y avoir de citoyenneté à la fois comme sentiment d'appartenance et comme sentiment d'engagement. Une communauté politique n'est pas une sommation d'individus. Elle suppose un contrat de civilités et l'adhésion à un projet commun"*[77].

... à la sanction éducative.

Obnubilée par la volonté de préserver son image vis à vis de l'extérieur, la classe juge Patrick sans vouloir le condamner. Aucune punition n'est réclamée. D'ailleurs le choix d'une punition serait délicat, aucune règle de la classe n'a en fait été transgressée puisque rien à ce propos n'est écrit

---

[76] O. Reboul, *"Les valeurs de l'éducation"*, p. 214.
[77] F. Constant, *"La citoyenneté"*, p. 22.

quelque part. Il y a règlement lorsqu'il y a source de conflit ou droits individuels à préserver. Or, dans ce cas, rien de tel. Au-delà du fait que Patrick ait utilisé un projet collectif pour détourner de l'argent, et après tout une somme dérisoire, n'a-t-il pas voulu attirer l'attention sur lui ? N'est-ce pas une façon inconsciente d'interpeller le groupe ? Une forme de suicide appel. Ce n'est pas improbable, puisque deux enfants de la classe étaient au courant. En tout cas, appel ou pas, la classe lui répond, elle va l'aider, lui proposer des solutions pour réparer l'erreur, pour redorer le blason de chacun. Ainsi, *"l'homme collectif ne punit pas, il délivre"*[78]. Effectivement, la proposition par la classe que Patrick répare son erreur, rend d'une part son bien à la malheureuse victime, relégitime d'autre part l'image de la classe aux yeux de tous, et réintègre enfin au sein du groupe Patrick, qui accepte facilement ces décisions comme uniques sanctions, loin du cercle des parents ou autres autorités hiérarchiques, renforçant ainsi l'idée d'autonomie de la classe pour réguler ses conflits. Ainsi, *"dans le jeu des interactions et des transactions sociales, la sanction représente le prix d'une dette, dette à l'égard d'une victime ou d'un groupe et dont le coupable doit s'acquitter pour retrouver sa place dans l'espace symbolique des échanges"*[79].

Ce n'est que quelques mois plus tard que cette mésaventure alimentera peut être l'imaginaire de Tiffany, Bénédicte et Charlène qui écriront :

---

[78] J. Houssaye, *"Autorité ou éducation ?"*, p. 163.
[79] E. Prairat, *"La sanction"*, p. 121.

On a volé l'argent de la classe !

Un jour j'ai découvert que nos 2 trésorières, Charlène et Bénédicte voulaient dérober l'argent de la classe. Elles organisèrent ainsi leur plan.

Bénédicte : On prend les clés de la classe sans le dire à Dominique!

Charlène : OK je suis d'accord!

Bénédicte : Bon on y va demain soir.

Le lendemain, à 16h30, j'avais oublié mon cahier de T-I quand je surpris Bénédicte et Charlène en train de prendre les clés de l'armoire et de la classe. J'en avais profité pour me cacher et je les entendis parler mais je ne compris que deux mots : "ce " et "soir ". Alors je repartis et réfléchis longuement.

Charlène : Bon je vais faire mes devoirs. A ce soir!

Bénédicte : Ouais ! Moi aussi ! A ce soir ! Minuit hein !

Ce soir-là, moi aussi j'étais présente. Je vis Charlène et Bénédicte en train de dérober l'argent de la classe. Je voulus faire quelque chose mais j'étais coincée, elles avaient un couteau. Je leur sautai dessus, mais malheureusement, Bénédicte eut le

réflexe de me planter le couteau entre les deux yeux, et...
Je me réveillai en sursaut.

Le lendemain matin, arrivée en classe, je découvris que l'argent avait disparu.

Chapitre 8.
VIOLENCES QUOTIDIENNES

Violence partout.

Incivilités, non respect des règles, violences. La société ne se sent pas bien. Elle semble manquer d'idéaux, de repères, elle ne se reconnaît plus dans ses institutions, c'est le règne de l'individualisme. Qui plus est, ce mal semble cette fois pénétrer insidieusement l'enceinte scolaire. *"Des incidents violents se déroulent de plus en plus fréquemment dans les quartiers de nos villes et, plus grave peut-être, les protagonistes semblent être de plus en plus jeunes. Il n'y a donc pas à s'étonner si une demande pressante est adressée à l'école pour qu'elle mette en place "quelque chose" qui enraye ces comportements jugés insupportables"* constate Colette Crémieux en introduction de son ouvrage[80]. Cette violence, sur laquelle on focalise surtout dans les collèges, les lycées, les banlieues, n'est pas l'unique apanage de ces lieux. Si elle se distingue sur le plan international par des guerres, des conflits, elle envahit notre quotidien à travers le petit écran, réelle ou fictive, elle vit avec nous. Et nos politiques, grands pourvoyeurs de scandales politico financiers, ne sont pas les derniers à l'alimenter.

Les tentatives d'explication sont multiples : chômage, absence d'identité communautaire, concentrations de populations immigrées, société trop individualiste, fracture sociale... La liste est longue, non exhaustive et relève peut-être un peu de tout, ce qui rend la tâche éminemment complexe lorsqu'il s'agit de vouloir enrayer le phénomène. Quoi de plus normal alors que de vouloir en confier la mission à l'école par le biais des textes ministériels :

---

[80] C. Crémieux, *"La citoyenneté à l'école"*, p. 9.

- Lutte contre la violence en milieu scolaire et renforcement des partenaires[81], qui liste les violences scolaires : intrusions, dégradations, vols, menaces, violences verbales, bizutages, ports d'armes, violences physiques, racket, violences sexuelles, stupéfiants.
Et qui propose tout un arsenal de mesures juridiques pour prévenir et punir.

- *Initiatives citoyennes à l'école* [82] : opération lancée du 24 au 28 novembre 1997, ayant pour but de prévenir la violence et d'encourager le civisme. Toutes les classes ont été incitées à réfléchir et à élaborer des projets sur des thèmes tels que la politesse, le respect de l'environnement, la solidarité, la lutte contre les discriminations et les valeurs républicaines.

Ainsi, loin d'être capable d'enrayer le fléau et de trouver une solution à un problème complexe de société, l'école peut, par le biais de l'éducation, faire prendre conscience aux enfants que la violence est évitable dès lors que s'installe le dialogue.

La violence est interdite.

C'est la loi numéro 3. Quand les premiers conflits apparaissent, elle nous donne l'occasion d'aborder la notion de violence. Ils la déclinent, sous toutes ses formes : violences physiques, violences verbales, vols... Ils savent l'identifier, ils ont déjà la notion du bien et du mal. Alors, sitôt identifiée, étiquetée, elle est interdite et *"ne se discute pas, puisque c'est ce par quoi une discussion est*

---

[81] Bulletin officiel de l'éducation nationale. N°11. 15 octobre 1998.
[82] Bulletin officiel de l'éducation nationale. N°1. 1° janvier 1998.

possible"[83]. Ainsi, au fil des semaines, chaque jour charrie son chapelet de plaintes :

> *Alex a écrit sur ma chaise !*
> *Franck m'a fait un doigt d'honneur !*
> *Tiffany nous fait des croche-pieds !*
> *Thomas me tape sur la tête !*

Ces "tas de sable" chers à F. Oury ou à C. Pochet envahissent chaque conseil en début d'année au point de devenir omniprésents. Beaucoup de collègues qui se sont essayés aux techniques du conseil coopé. renoncent parfois à cet outil car ils ont l'impression que ces petites histoires font perdre du temps, et constatent même qu'à en parler, on amplifie les problèmes. Et c'est vrai, et c'est normal. On a tellement peu écouté leurs petites histoires que le jour où on leur propose un espace de parole, ils le remplissent, l'envahissent au point de le faire déborder. Mais comme une rivière retrouve son lit après une crue, ce flot de plaintes quotidiennes suite à des actes de violence va se réguler pour plusieurs raisons :

- L'inscription d'une plainte sur le panneau "Je n'ai pas aimé" agit déjà comme une sanction. C'est un espace de parole écrite ou l'agresseur est montré du doigt. La loi est écrite et une institution de régulation des conflits, même imparfaite, se met en place. Chacun des protagonistes concernés par le conflit a le droit d'effacer la plainte, si le conflit a été réglé par les parties, ce qui signifie qu'un dialogue s'est établi.

- L'existence d'un lieu où l'on peut écrire, puis dire ensuite à toute la classe agit comme une instance dissuasive. Si on n'en parle pas maintenant, il faudra en parler plus tard.

---

[83] B. Defrance, *Sanctions et disciplines à l'école*, p. 122.

En tout cas, impossible maintenant d'agresser en toute impunité. La loi de la négociation remplace celle du plus fort.

- Si le conflit ne se règle pas entre les deux parties, l'agressé peut compter sur le groupe qui sera alors juge arbitre. Chaque conflit rapporté au groupe classe permet donc de faire évoluer des règles de vie qui, toujours imparfaites, peuvent évoluer pour garantir la paix de tous et de chacun.

Des règles qui évoluent.

Interdire la violence ne signifie pas la voir disparaître, mais cela conditionne la discussion. Au fil des conflits, l'institution évolue. Si en début d'année, c'est le panneau "Je n'ai pas aimé" qui remporte un vif succès, les plaintes vont lentement glisser vers le panneau "Je propose". Ainsi, au milieu des propositions de sorties, de changements de place ou de métiers, d'achats, voit-on apparaître :

"Je propose :"
- *un numéro 3 à Mick qui dit des gros mots.*
- *un numéro 3 à Patrick qui critique mes parents.*
- *un numéro 3 à Thomas qui me tape.*

Et, puisque la violence est interdite, dès qu'elle est constatée, elle est systématiquement signalée aux parents par l'intermédiaire du plan de travail, et un simple feu rouge en comportement élimine pendant une semaine l'accès à la classe pendant le temps de récréation, réglementé. L'enfant violant les lois du groupe, restreint donc sa liberté dans la classe qui pose ainsi les premières bases de la démocratie par le biais du quotidien.

La fin d'un martyr.
Conseil coopé du 18 décembre.
Animateur : Julien. Secrétaire : Alban.

(...)

Franck : *Je n'ai pas aimé que Paul écrive sur du papier avec les feutres pour transparent. Je propose un numéro 4.*
Paul : *Je suis d'accord.*
Gauthier : *On m'a volé des affaires !*
Dom : *Tu es sûr qu'on te les a volées, tu ne les as pas perdues ?*
Gauthier : *Non, c'est Franck et Thomas qui me les ont prises.*

Franck et Thomas sortent des affaires de leur trousse et les remettent sur la table de Gauthier.

Paul : *Ouais, et ben Gauthier, il m'a dit que Franck et Thomas n'arrêtaient pas de le taper quand il rentre de l'école.*
Dom : *C'est vrai Gauthier ?*
Gauthier : *Ben! Heu ! Oui....Heu !*
(...)

Gauthier n'a visiblement pas trop envie de parler. Mais cela dure depuis deux mois. Peut-être n'ose-t-il pas briser la loi du silence, mais Paul a su profiter du conseil et parler pour Gauthier. Les deux agresseurs ne sont pas fiers, ils ne nient d'ailleurs rien, argumentant du fait que c'est juste pour jouer, mais Gauthier, ravivé par le groupe, ne l'entend pas de cette oreille. La classe est solidaire de Gauthier. Outre l'inscription d'un feu rouge en comportement sur le plan de travail, quatre enfants, Iman, Abdel, Rémi et Ophélie, dans un élan de solidarité, décident de faire le chemin de l'école avec Gauthier, pour décourager les éventuels agresseurs, et je décide d'informer les parents de Franck et Thomas.

Cette fois, le conseil aura permis de briser la loi du silence, de protéger Gauthier de ses agresseurs et de poser le groupe en tant que garant des lois qu'il construit.
Loin de vouloir éviter les conflits entre enfants, l'école se doit donc de les repérer, les écouter, les traiter, et s'en servir afin d'éduquer les enfants au conflit. Ceux-ci doivent être réglés par la loi, non par la violence, c'est l'un des principes de la démocratie. De plus, l'école ne peut abandonner l'enfant face aux agressions dont il est souvent victime. *"Le conflit est une réalité que l'éducateur ne peut esquiver car l'espace démocratique qui attend le futur adulte est par définition un espace conflictuel, là où aucune instance transcendante ne peut plus être convoquée, seul un espace public de discussion et de gestion non-violente des conflits peut permettre de construire le vivre ensemble"*[84]. Projetés dans un espace pré politique, acteurs dans l'élaboration, attentifs au respect des droits de chacun, les enfants s'octroient le statut de citoyen actif. Le conseil sert encore cette fois à tisser du lien social, à *"recomposer l'espace commun, non pas dans un unanimisme suspect, mais comme condition d'un débat social à distance de la violence"*[85].

---

[84] E. Prairat, *"La sanction"*, p. 109.
[85] G. Coq, *"Laïcité et République"*, p. 261

Chapitre 9.
APPROPRIER L'ESPACE

Les textes, c'est les textes !
Vendredi 15 janvier. 8h 00.

J'arrive à l'école par l'entrée des maîtres. Je dois être l'un des premiers dans l'école. Après un rapide coup d'oeil dans mon casier pour relever l'abondant courrier administratif, j'ouvre des portes : couloir, cour de récréation, salle de classe. Celle-ci est encore dans l'ombre. La lumière révélera le ménage de la veille au soir : sol impeccable, corbeilles vides, tableaux propres, chaises sur les tables bien alignées. Tout exhale l'ordre et le calme, tout est prêt pour une nouvelle journée.

Le temps de consulter l'emploi du temps de la journée, quelques classeurs, de tirer quelques photocopies à l'autre bout des bâtiments, l'école prend vie. Les collègues sont arrivés, le portail est ouvert, les enfants investissent la cour par vagues successives, quelques étudiants forment des groupes épars. La directrice arrive vers moi :

Directrice : Bonjour, je viens de passer dans ta classe pour emprunter le mégascope sur la Gaule, je ne l'ai pas trouvé !

Dom : Il était sur le présentoir, à l'entrée.

Directrice : Je ne l'ai pas vu. Est-ce que tu pourrais me le faire parvenir? J'en ai profité pour faire sortir tes élèves qui étaient déjà entrés en classe. Je leur ai rappelé qu'ils n'avaient rien à faire là sans surveillance !"

Me voilà piégé encore une fois. J'avais pourtant, encore cette année, réussi à éviter insidieusement le règlement. Comme tous les ans, après quelques semaines d'ajustements réciproques, les enfants se sont appropriés les lieux. Ils aiment entrer en classe avant l'heure, poser leurs affaires, ouvrir les rideaux, nourrir les poissons, allumer l'ordinateur, arroser les plantes ou tout simplement discuter. Investir les lieux avant l'heure pour mieux en prendre possession, marquer leur empreinte, leur odeur, re-personnaliser chaque matin comme pour nettoyer le nettoyage de la veille. D'ailleurs, cette année, nous sommes allés plus loin dans la transgression (ils ne le savent pas). Attirés par le nouvel ordinateur et les possibilités du cédérom, il a fallu organiser des tours pour "jouer" sur la machine pendant les récréations qui se passent maintenant autant dedans que dehors... Mais rappelés à l'ordre par la directrice, que va-t-il advenir de ces moments qui échappaient au règlement ?

D'ailleurs, ne suis-je pas en tort ? Comment prétendre éduquer les enfants à la construction de la loi et ne pas respecter celles en vigueur dans l'établissement ? Mais une intuition m'incite à résister. Je suis intimement persuadé que leur laisser l'accès à la classe en dehors du "temps d'enseignement" est l'une des clés de l'apprentissage à la citoyenneté. *"Les interdictions d'accès ou d'utilisation conduisent à des phénomènes d'exclusion. Leur utilité doit se justifier par des impératifs de sécurité ou de protection forts. La gestion de l'espace scolaire n'est pas anecdotique, car une éducation citoyenne ne peut pas s'inscrire dans un contexte où l'individu est totalement contraint par les conditions dans lesquelles se déroule son apprentissage. Le fait de ne pas se préoccuper de créer des occasions de se saisir de l'espace de travail développe l'individualisme, l'indifférence, le mépris."*[86]

---

[86] C. Crémieux, "*La citoyenneté à l'école*", p. 143.

Un espace anomique.

15h20.
De service dans la cour, je suis alerté par Rémi :

"Dominique, Iman et Mick se battent en classe, Mick a pris le tableau sur la tête !"

Voilà un bâton pour me faire battre, me dis-je. Je file vers la classe. Plus de peur que de mal. Mick fait la tête dans un coin et Iman, rouge de colère, réajuste ses vêtements. Je fais évacuer tout le monde dans la cour et je ferme la classe jusqu'à la fin de la récréation. Ca tombe bien, nous avons un conseil coopé juste après, on réglera ça.

16h10. Conseil coopé du 15-01.

L'altercation entre Iman et Mick n'étant pas à l'ordre du jour, je profite du point "questions diverses" pour aborder l'incident. Sans même ouvrir le débat ni chercher à comprendre les tenants et les aboutissants, j'énonce l'anecdote du passage de la directrice dans la classe le matin même, je rappelle le règlement de l'école et j'annonce que la classe sera fermée à tous en dehors des heures de classe... Ma sanction tombe, sans appel, sans discussion, sans protestation.

Faiblesse de ma part devant l'institution ? La contiguïté des événements m'incite à renoncer à mes convictions intimes et m'abriter sous le règlement. D'ailleurs, ils n'ont même pas protesté. Cependant, un vague sentiment de remords me ronge. Je n'arrive pas à me faire à l'idée d'une classe qui ne s'ouvre que sur *"l'homme qui travaille (homo faber) et l'homme qui pense et apprend (homo cogitans), et* négliger l'homme qui joue (homo ludens), l'homme qui aime (homo Imans), l'homme qui gouverne (homo civis) l'homme qui voyage et explore (homo ambulans) et l'homme qui prie (homo sacer)"[87].

C'est en me replongeant dans l'ouvrage de René Lafitte que je trouve la réponse. *"La classe est ouverte avant l'heure légale, à quelques enfants apparemment choisis, qui s'activent sans ordres ni contraintes. (...) Il ne s'agit pas, ici, de "services" octroyés comme une faveur par l'adulte (...) mais de "métiers" confiés par le groupe à des individus ayant, dans un domaine bien défini, liberté, responsabilité et pouvoir."* [88]

La réponse est claire. Les règles d'occupation de la classe étaient peut-être trop floues, est resté ouvert un interstice dans lequel Iman et Mick se sont engouffrés. Que faisaient-ils en classe ? Personne ne le sait ! En tout cas, pas de domaine défini par le groupe, pas de responsabilité, pas de pouvoir, pas de liberté dans un espace anomique.

Faire construire une règle qui ré ouvrira la classe (illégal malgré tout) en évitant les pièges à risques institutionnels, responsabiliser, donner du pouvoir, c'est possible, Il me reste le choix entre deux alternatives pour enclencher le débat : le provoquer (puisque j'en ai été le couperet) ou attendre que les enfants en manifestent le désir.

Une classe librement occupée.

La réaction n'est pas longue puisque deux semaines après, la question revient à l'ordre du jour.

---

[87] J. Houssaye *"Les valeurs à l'école"*, p. 18.
[88] R. Lafitte. *"Une journée dans une classe coopérative"*, p. 28.

Conseil coopé. du 8 février.
Animateur : Corentin. Secrétaire : Abdel.
(...)

Corentin : *On peut passer aux propositions. Bénédicte a la parole.*

Bénédicte : *Il faudrait racheter des feutres pour transparent.*

Dom : *Combien en faut-il ?*

Mick : *Y'en a plus que douze qui marchent. Il en faudrait quinze.*

Dom : *J'irai la semaine prochaine.*

Ophélie : *J'aimerais qu'on puisse rester en classe pendant la récré.*

Les approbations fusent, la demande devient quasi générale. Un petit sondage me permet de savoir ce qu'ils aiment faire en classe. Les souhaits sont multiples : jouer sur l'ordinateur, jouer à des jeux de stratégie, lire, dessiner, continuer leur travail individuel, rester au chaud. Je leur explique que je suis prêt à accepter sous certaines conditions, que normalement les textes l'interdisent, qu'ils me fassent des propositions pour éviter que des incidents se reproduisent.

Corentin : *On pourrait nommer un animateur qui surveille la classe pendant la récré.*

Abdel : *On peut recommencer comme avant, on fera attention.*

Charlène : *Mais non, il faut faire une règle pour pas qu'il y ait de problème.*

Baptiste : *On va avoir tellement de règles que bientôt on pourra plus bouger.*

Bénédicte : *Ben on a le droit de rester en classe que si on n'a pas eu de numéro pendant la semaine.*

Ophélie : *Ouais, on peut mettre un feu pour la semaine en comportement.*

(...)

Corentin, en réclamant un surveillant, prouve qu'il ne se sent peut-être pas encore entièrement autonome. La présence d'un garant de la loi semblerait lui convenir. A moins qu'il ne se sente garant de la loi lui-même. Abdel est partisan de la formule "encore une chance", combien va-t-il falloir en laisser ? Les propositions de Bénédicte et Ophélie recueillent la grande majorité des suffrages. Quant au pauvre Baptiste, il imagine le nombre de règles grandissant comme une menace. A priori, il a encore du chemin avant d'intérioriser la loi comme source libératrice.

Les décisions votées, elles alimenteront le règlement de la classe. Après avoir pris la précaution de changer de lieu de service pendant la récréation pour que de la verrière qui mène à la classe, j'aie sous mon regard, et la cour de récréation, et la classe, l'occupation de celle-ci se fait sans problème. Ce lieu est devenu zone de droits, réglementée par eux. De plus, je suis en paix avec les textes officiels puisque j'embrasse tout ce petit monde de mon regard paternel. L'accident peut arriver, je vois tout.

Mais la plus belle récompense est pour moi ce petit poème, création collective de Patrick, Alex et Corentin, qui évoque avec nostalgie l'école fermée. Car ils l'aiment, leur école, ils s'y sentent bien, dès lors qu'elle leur appartient.

L'école fermée

Dans l'école fermée,
Les livres sont fanés.
Ils ont perdu toutes leurs feuilles
Dans la bibliothèque éteinte.

Dans l'école fermée,
Les classes se sont calmées.
Elles ont perdu leur vivacité.
Portes endormies sur le seuil
Des classes éteintes.

Dans l'école fermée,
Les cours ne sont plus éclairées.
Elles ont perdu leurs élèves.
Désert sombre
Des cours éteintes.

Dans l'école fermée,
Le gymnase est déserté.
Il a perdu toute sa joie.
Cerceaux tristes
Dans le gymnase éteint.

Corentin - Alex – Patrick

Chapitre 10.
INTEGRATION

Florent... un nouveau ??

Jeudi 26 janvier - 8h 15.

Les enfants entrent dans la cour. Je fais le planton sous le préau. Monique (une collègue) vient me dire bonjour. Nous échangeons quelques mots sur nos maux respectifs sans doute liés au mauvais temps. Arrive la directrice.

<u>Directrice :</u> *Ca tombe bien que vous soyez là tous les deux, j'aimerais bien qu'on discute du problème de Florent. L. (la maîtresse de l'enfant) ne s'en sort plus du tout avec lui, d'ailleurs elle est arrêtée. Il pose des difficultés à tout le monde. Il n'y a pas moyen de le changer d'école : l'école B. a refusé, l'école A. ne l'a déjà pas voulu l'an dernier, à .G. ils ont déjà beaucoup d'enfants en difficulté. Il n'y a plus qu'une solution, c'est qu'on le change de classe. Comme Monique a déjà fort à faire avec quelques uns de ses élèves, Dominique, il faudrait voir si tu peux le prendre dans ta classe.*

Le problème est à priori déjà réglé. Vu la présentation des faits, c'est encore sur ma pomme que ça tombe (on m'a déjà fait le coup l'an dernier). Qu'ont-ils donc depuis une paire d'années à vouloir me refiler les canards boiteux, les oiseaux blessés, les ascolaires...

Dom : Ca ne m'arrange pas beaucoup, j'en ai déjà 26, ça va faire beaucoup dans la classe. De plus, on est au mois de janvier, les habitudes sont prises, la classe tourne...
Directrice : Ecoute, tu réfléchis mais on n'a pas beaucoup de solution !
Dom : De toute façon, je ne prendrai pas de décision seul, je veux d'abord en parler avec les enfants de la classe, ils sont autant concernés que moi.

Me voilà avec un cas de conscience à régler. Je me serais bien passé d'accueillir cet enfant que je ne connais guère, si ce n'est par la réputation qu'il traîne derrière lui. La classe est calme, il y règne une bonne ambiance, ce serait dommage de perturber ce qui a demandé trois mois de construction. D'un autre côté, ai-je le droit de laisser en marge un enfant certainement en détresse? Sa tête ne m'est pas inconnue puisque c'est souvent lui qu'on voit isolé dans le couloir[89]. Florent est signalé comme un enfant violent, agressif, il n'est pas accepté par son beau-père. Quel cumul. Voilà un enfant rejeté de partout, de tous. L'école, lieu d'exclusion, quel beau programme. Comment ne pas penser à Guy Coq [90] lorsqu'il constate le besoin d'un "tiers lieu" : *Si, dans des temps anciens, dans de petites sociétés de vie communautaires, le milieu social en lui-même accueillait les jeunes, éduquait spontanément pour une part, aujourd'hui nous connaissons des espaces sociaux indifférents, voire*

---

[89] On m'interdit de laisser les enfants dans la classe pendant la récréation sous prétexte qu'ils sont sans surveillance, mais on tolère dans les couloirs les enfants exclus de la classe. C'est vrai qu'un enfant qui veut travailler pendant la récré, c'est plus douteux que celui qui ne veut rien faire pendant le temps de classe.
[90] Guy Coq, *Laïcité et République*. p. 232

ennemis de l'enfant ou du jeune, espaces qui ne veulent pas les accueillir dans leur spécificité, dans leur fragilité, espaces qui ne connaissent que des individus de masse, anonymes, consommateurs, êtres tout justes bons à exciter en eux affects et désirs de jouissance. De plus en plus de jeunes sont ainsi expulsés vers des sortes de non-lieux sociaux, des espaces d'inexistence sociale, dans une société vouée au présent, indifférente à l'avenir."
La classe coopérative serait-elle un tiers lieu ?

Même jour - 13h30

Nous entrons en classe. Les enfants sortent déjà leurs affaires d'allemand. Ils savent ce qu'on va faire, c'est écrit sur l'emploi du temps.

Dom : J'aimerais qu'on se mette en place pour un conseil extraordinaire, je voudrais que l'on discute d'un problème important.

Leurs regards s'animent. De quoi peut-il bien s'agir ? Tout en plaçant les chaises en rond autour de la classe, quelques questions fusent.

- C'est pour quoi ?
- C'est qui anime ?
- C'est moi, dis-je, il n'y a qu'un point à traiter, je ne voudrais pas que ça prenne plus d'une demi-heure.

Les dernières chaises et le silence s'installent rapidement.

Un conseil extraordinaire.
Conseil coopé extraordinaire du 28 janvier.
Animateur : Le maître.

Dom : Je viens d'avoir une demande de la part de la directrice. Elle me demande si je veux bien accepter Florent dans notre classe car dans la sienne, cela ne va plus du tout avec sa maîtresse. Ce n'est pas à la classe de prendre la décision, je la prendrai seul, mais je souhaite avoir votre avis.

Abdel : Je veux bien mais on lui laisse qu'une chance.

Bénédicte : Je ne suis pas d'accord. On est déjà beaucoup. Il fait souvent le cirque. Encore un garçon.

Charlène : Je ne suis pas contre. Patrick, il a eu un problème avec lui.

Iman : Ah ! Le Florent là, ah ben non alors !

Baptiste : Je ne refuse pas qu'il vienne mais y'a déjà eu des problèmes avec dans la classe.

Ophélie : Je ne suis pas contre. Comme il y a beaucoup de garçons dans la classe, il se tiendra à carreaux. Il faudra qu'il s'habitue à la classe, ce n'est pas une classe comme les autres.

Dom : Tu peux expliquer ?

Ophélie : On a le droit de bouger.

Bénédicte : C'est une classe coopé.

Ophélie : On peut t'appeler par ton prénom, c'est mieux.

Bénédicte : On a l'impression que c'est plus (+) notre classe.

Baptiste : Faudrait lui apprendre toutes les organisations de la classe.

Cyril : Il va devoir tout apprendre d'un seul coup.

Mick : On pourrait essayer une journée.

Ophélie : On peut pas le prendre une journée et puis l'envoyer bouler.

Baptiste : Si on accepte, il vient quand ?

Iman : Il va rester toute l'année ?

Julien : Y'a eu un problème. Florent avait attaqué quelqu'un. Hier matin, je suis allé voir ma mère pour lui dire au revoir. Sa mère a cru que c'était moi. S'il vient dans la classe, on va tout le temps le confondre avec moi, je vais tout le temps me faire disputer.

Ophélie : Il se sentira peut-être mieux avec un maître, il jouera moins les durs. Il sera dans une nouvelle classe, il...

Abdel : Moi, je veux bien m'occuper de lui pour lui expliquer le fonctionnement de la classe.

Bénédicte : Je suis un peu contre, il a plein de problèmes. Il suffit d'une goutte pour faire déborder le vase.

Charlène : J'ai pas vraiment envie qu'il vienne.

Paul : L'autre jour, on était dans sa classe, Florent était dans la salle vide à côté. Si il fait encore ça à chaque fois...

Rémi : S'il fait le bordel, il fera du bled au lieu d'aller au coin !

Maître : Camille et Léna, vous étiez dans sa classe l'an dernier, qu'en pensez-vous ?

Léna : J'ai pas trop envie qu'il vienne dans ma classe, il fait souvent le bazar.

Gauthier : On n'a qu'à voter !

Dom : Je vous propose plutôt d'écrire ce que vous en pensez.

Je récupère la situation pour deux raisons, la première pour éviter que la classe ne passe au vote, n'ai-je pas énoncé les règles du jeu au départ : ce n'est pas la classe qui décidera. Cela peut apparaître comme un abus de pouvoir dans une classe qui prétend ouvrir le débat. J'use en quelque sorte de mon droit de veto : *"Le maître garde le droit de veto et c'est lui qui, en cas de conflit, a le dernier mot"*[91]. Et de toute façon, ma décision est déjà prise. C'est en effet très tentant d'essayer de réussir là où d'autres ont échoué. Peut-être pour leur prouver qu'ils avaient tort mais surtout pour donner une dernière chance à cet enfant. Et je me souvenais à ce propos d'une phrase de Marcel Postic qui disait : *"catégoriser un élève, c'est lui refuser à l'avance l'accès à un autre état que celui dans lequel on l'enferme, c'est, pour l'éducateur, se couper volontairement et définitivement de lui, et le condamner à se résigner ou se révolter. Par contre, saisir ce qui est potentiel chez l'enfant, découvrir la force qui pourra se développer en lui, sont les seules conduites qui prouvent qu'on a foi en lui et l'éducation et qu'on respecte sa liberté."* [92]

---

[91] F. Oury, A. Vasquez, *"de la classe coopé à la pédagogie institutionnelle"*, p. 493.
[92] M. Postic, *"la relation éducative"*, p. 109.

Et puis le passage à l'écrit me permet d'avoir l'avis de tout le monde. Si beaucoup se sont prononcés à ce conseil, certains n'ont pas pris la parole et je souhaite avoir une idée générale de l'avis de la classe.

Mais ce conseil est fort riche. Si Abdel, notre spécialiste du "encore une chance" ne s'aventure, certains enfants ne veulent pas troubler l'apparente paix de la classe. De plus, après identification, ils connaissent Florent, ils le jugent violent, remuant (c'est un garçon), faiseur d'histoires. Mais la palme revient sans doute à Ophélie, qui mène le jeu pendant tout le conseil. C'est, pour le coup, une alliée de choc. Après cinq avis où le "non" et le "oui mais" dominent et où les enfants parlent du (au) passé, Ophélie va parler au futur et inciter la classe à se projeter vers ce qu'il faudra faire si on intègre Florent (présence du futur à plusieurs reprises, du conditionnel et du "si"). Non seulement Ophélie argumente, mais elle démonte également ceux qui souhaitent des essais à la journée. Et puis, elle me permet de faire formuler à certains en quoi ils perçoivent différemment la classe.

Des enfants pédagogues.

Le plus surprenant, c'est encore leur façon de parler de pédagogie. Ils sont capables d'analyser le fonctionnement de la classe : "on a le droit de bouger", "c'est une classe coopérative", "on peut t'appeler par ton prénom", "c'est plus notre classe", "les organisations de la classe". Quelle belle évaluation ! Mais au-delà de l'aspect flatteur de leurs remarques, leur juste perception du fonctionnement pédagogique leur permet d'anticiper le problème que je leur pose. Ils connaissent la classe car ils en ont repéré un certain nombre d'habitus. Ils connaissent Florent pour l'avoir pratiqué en cour de récréation. Ils peuvent donc plus ou moins prévoir les difficultés auxquelles ce dernier sera confronté s'il est intégré dans la classe. Car il s'agit bien d'un problème d'intégration. Non pas une intégration dans le sens où elle est entendue par l'enseignement spécialisé, mais plutôt un accueil qui permet une acculturation. Il s'agit alors *"d'aider une personnalité à se construire et, en même temps, à entrer dans une culture"*[93], dans un espace où la tâche éducative est de partager une culture commune. Ainsi, l'école n'est pas celle *"des différences culturelles, mais de la construction d'une culture commune, de repères et de mémoires communs, afin que, devenus adultes, les enfants ne trouvent pas dans leur mémoire d'école des raisons de haïr leurs concitoyens"*[94].

Epilogue.

Florent entre dans la classe la semaine suivante. A la recherche d'une identité, il est ravi d'être avec un homme. Au milieu des enfants de CM2, il trouve enfin des enfants de son gabarit. Il est souriant, décontracté. Pris en charge par le groupe, il trouve vite ses repères, demande rapidement l'inscription de son prénom sur toutes les listes affichées dans la classe, réclame très vite un métier.

Convoqué au mois de mai en C.C.P.E.[95] , je me retrouve face à l'inspecteur, le médecin scolaire, le psychologue, et deux ou trois autres personnes que je ne connais pas. Le dossier de Florent est entre leurs mains, une orientation en école spécialisée est envisagée. Je leur raconte que son changement de classe s'est très bien passé, qu'il ne manifeste a priori aucun signe de comportement particulier, que si son niveau scolaire n'est pas au beau fixe, il est loin d'être catastrophique et qu'il a les moyens de suivre un CM1 cette année, un CM2 l'an prochain, avant une entrée en

---

[93] G. Coq. *"Laïcité et République"*, p. 117.
[94] G. Coq, Id., p. 152.
[95] Commission de circonscription préélémentaire et élémentaire.

sixième. Le dossier est refermé et classé, Florent a réintégré une "normalité".

Et c'est Mathilde qui, peu de temps après, au cours d'un atelier d'écriture, nous délivre ce très joli message :

Pourquoi ?

Pourquoi toi ?
Pourquoi moi ?

Pourquoi lui ?
Pourquoi elle ?

Pourquoi vous ?
Pourquoi nous ?

Pourquoi toujours
Chacun pour soi ?

Pourquoi pas
Tous ensemble ?

Mathilde - 10 ans

Chapitre 11.
A PARTIR D'UN MALENTENDU.

C'est la guerre !

7h 00.
Le radio-réveil annonce les bombardements des Etats-Unis et de l'OTAN sur le Kosovo. L'homme n'arrêtera donc jamais ses démonstrations de violence.
France-Info dans la voiture. Les politiciens français, hommes de dialogue, y vont chacun de leur discours sur la légitimité d'une intervention armée face à la sourde oreille du tyran Serbe. Le leitmotiv d'Hanna Arendt me revient lancinant :

"Là où la force est employée, l'autorité proprement dite a échoué !"[96]

Les grandes puissances européennes auraient-elles perdu leur autorité? Il me semblait que la loi garantissait les libertés de chacun et que tout conflit devait être réglé par la loi et non par la violence, ceci étant l'un des principes de la démocratie. Comment expliquer cela à vingt-sept enfants alors que les plus grandes démocraties européennes, aidées par le plus grand état du monde, tentent de régler des problèmes par des bombes ?

8h 45.
Après les quelques minutes de mise en place, l'animateur de semaine détaille le sommaire de la presse quotidienne. Les événements de la nuit, encore trop frais, n'y sont pas relatés. Je pose la question à la classe. Quelques uns d'entre eux sont vaguement au courant, les autres sourient. Ils

---

[96] H. Arendt, *"Qu'est-ce que l'autorité ?"*, in *"La crise de la culture"*, p. 123.

sont visiblement à l'abri des bombes, et nul ne s'en plaindra. D'ailleurs la matinée se déroule paisiblement.

12h 00.
A peine à la maison, sonnerie du téléphone. C'est la maman de Sophie. Elle est inquiète, sa fille vient de l'appeler à son travail pour lui raconter, en pleurs, qu'elle s'était fait agresser par Cyril et Patrick. Sophie a si peur qu'elle n'ose pas revenir à l'école cet après-midi. Je rassure la maman et lui promets de prendre les choses en mains.

13h 45.
Aussitôt en classe, je demande un conseil coopé. extraordinaire. Ils sont maintenant habitués et s'installent rapidement. Sophie est là, visiblement détendue, Cyril et Patrick ne se sentent a priori pas concernés.

<u>Dom</u> : *La maman de Sophie m'a appelé à la maison à midi, elle était très inquiète. Je laisse la parole à Sophie.*

<u>Sophie</u> : *En allant chercher le pain en sortant de l'école, Cyril, son petit frère et Patrick m'ont tapé dessus. J'ai mal au genou, je boîte.*

<u>Patrick</u> : *Je suis rentré avec Cyril. On a croisé Sophie, elle a rigolé. Le frère de Cyril est parti en courant, il a sauté sur Sophie et lui a donné des coups de pieds.*

<u>Cyril</u> : *C'est mon frère, il a couru, il a été la taper, je sais pas pourquoi.*

Je demande à Cyril, d'aller chercher Jordan, son frère, dans la classe de C.P. Jordan arrive, visiblement intimidé. Je lui demande de s'installer dans le conseil et de nous raconter ce qu'il s'est passé.

Jordan : *Elle arrêtait pas de me traiter de rase moquette. Je lui ai donné des coups de pieds.*

Dom : *Alors Sophie ? Tu l'as insulté ?*

Sophie : *Ah ! Ben non alors !*

Patrick : *Jordan a un personnage derrière son manteau. Sur le chemin, on cherchait à qui il ressemblait, Sophie a trouvé rase moquette. Jordan a cru que c'était une insulte.*

Ophélie : *Il a pas à l'attaquer dans la rue. Ca s'est pas passé dans l'école.*

Dom : *Et alors...*

Ophélie : *La maman de Sophie a eu raison de téléphoner.*

Franck : *C'est de la violence physique.*

Abdel : *Peut-être que Jordan l'a tapée mais pourquoi Sophie lui a dit rase moquette ?*

Florent : *Rase moquette ? On sait pas pourquoi elle a dit ça.*

Patrick : *Mais j'ai expliqué pourquoi, c'est nous qui avons commencé avec le dessin.*

Thomas : *C'est de la violence comme moi et Franck sur Gauthier.*

Paul : *Ben moi, rase moquette, c'est pas vraiment un gros mot, c'est le p'tit personnage à la télé.*

Corentin : Moi, je trouve que c'est rien de taper pour ça. C'est un type de violence, on tape pour rien.

Mathilde : Moi, je trouve que c'est gentil rase moquette. Il est petit, c'est embêtant qu'il sache déjà taper comme ça.

Dom : Tu peux préciser ?

Mathilde : Un petit, c'est tout mignon normalement. Maintenant, tous les petits savent taper et dire des gros mots.

Sophie : Je trouve pas que c'est de la faute qu'à Jordan, Cyril, c'est ton frère, tu aurais pu l'arrêter, c'est toi qui es responsable.

Dom : Qu'est-ce que vient de dire Sophie ?

Mick : Jordan est sous la responsabilité de Cyril.

Dom : Cyril, qu'est-ce que tu en penses ?

Cyril : J'sais pas moi !

Corentin : Cyril est pas responsable de son frère. Hier, à la récré, Jordan a pris le ballon de foot dans la tête, il est venu se plaindre auprès de son frère, Cyril lui a dit que c'était sa vie, qu'il avait qu'à se débrouiller tout seul.

Ophélie : Cyril aurait dû l'empêcher.

Dom : Qu'est-ce que vous pensez des gens qui regardent une bagarre sans rien faire ?

Tiffany : Si ça nous regarde pas trop, il ne faut pas trop s'en mêler, on risque de prendre des coups. Si c'est quelqu'un qu'on connaît, il faudrait intervenir.

Florent : C'est vrai ! Jordan avait pas à donner des coups de pieds, mais Sophie aurait pu se défendre.

Mick : Oh ! C'est une fille.

Ophélie : Elle a peut-être pas osé taper sur un petit.

Mathilde : Patrick et Cyril ont été spectateurs comme au cinéma. Cyril aurait pu faire quelque chose.

Baptiste : On en veut quand même un peu trop à Cyril et Patrick. C'est quand même Jordan qui a tapé.

Sophie : J'avais beau le pousser, il continuait. J'allais pas lui faire un oeil au cocard !

Cyril : T'aurais dû, il aurait arrêté.

Dom : Qu'est-ce que vous feriez, en tant que grands, dans la cour ou à l'extérieur, en voyant une bagarre de petits ?

Envie de médiation.

Devant le nombre de doigts levés, je propose de lever la séance et de passer les réponses à l'écrit. Dans un article paru dans le Nouvel Educateur, j'ai lu un article de Jean Le Gal qui s'intitule *"La médiation par les pairs"*[97]. Il s'agit de mettre en place un système ou les conflits se règlent entre enfants: *"Les écoles Freinet qui ont déjà l'expérience de l'entraide, de la coopération, de la responsabilisation des enfants, peuvent être un champ fécond pour l'expérimentation de la médiation (...) On appelle médiation le processus qui permet, lors d'un conflit, l'intervention de personnes extérieures et formées, pour dépasser le rapport de forces et trouver une solution sans perdant ni gagnant.*

---

[97] Le Nouvel Educateur n° 105, janvier 1999.

(...) On caractérisera la médiation scolaire par les pairs comme une médiation par les jeunes, pour les jeunes, avec les jeunes et entre les jeunes"[98]. L'idée est séduisante mais ma tentative d'aborder le sujet avec eux pour tenter l'expérience n'ira pas loin. Dommage, car réussir une médiation de ce type à l'école, c'est préparer de futurs citoyens à une culture du conflit, ne les armer que de la parole, et peut être éviter une guerre à leur vie d'adulte responsable, et ainsi mieux faire un pied de nez à l'Europe des adultes de cette nuit. Car après tout, quand un adulte intervient lors d'un conflit entre enfants dans la cour, c'est souvent pour le régler par une punition ou par une séparation radicale. Est-on sûr qu'il s'agit d'un acte éducatif ? Le conflit avorte alors suite à l'intervention d'un adulte, figure autoritaire de la loi, symbole de la force. Ce qui donnerait alors raison à G. Mendel lorsqu'il affirme que l'autorité n'est que le masque mystifiant de la violence, et *"qu'une des fonctions de l'Autorité est d'écraser les conflits pouvant apparaître au sein d'une société. Ou plutôt l'Autorité écrase l'un des deux termes du conflit, l'empêche de grandir, de prendre forme et d'exercer son influence. L'autorité paralyse la vie du conflit"*. [99]

Mais une fois de plus, ce qui m'impressionne chez les enfants, dès lors qu'on les laisse parler, c'est leur capacité à appréhender leurs problèmes avec profondeur. Bien sûr la violence est immédiatement repérée : violence verbale (ou perçue comme telle dans ce cas); violence physique, Franck et Thomas ne s'y trompent pas. Bien sûr ils la condamnent, Mathilde en arrive même à déplorer que si jeunes, ils sachent déjà se battre. Il n'y a plus de jeunesse, ma pauvre Mathilde. Ils font d'ailleurs l'unanimité pour condamner l'agression.

---

[98] J. Le Gal nourrit cette idée grâce à un ouvrage de B. Diaz et B. Liatard-Dulac, *"Contre violence et mal être, la médiation par les élèves"*, Nathan. 1998.
[99] G. Mendel, *"Pour décoloniser l'enfant"*, p. 76.

Mais l'arbitrage se révèle plus délicat. On a même dépassé le stade du "qui a tort ? Qui a raison ?", puisque après quelques éclaircissements, il s'agit surtout d'un malentendu. Pour tout éviter, il aurait fallu que le petit Jordan ait une culture du dialogue mais...

C'est Sophie qui porte le coup de grâce. Personne ne l'attendait là. Moi non plus d'ailleurs. Elle n'en veut pas au petit Jordan, elle reproche à Cyril, le grand frère, sa non intervention. Dès lors, la classe, unanime pour condamner la violence, se retrouve dispersée pour savoir s'il fallait intervenir ou pas. Alors, médiation ou pas ? Intervention ou pas ? Fallait-il l'autorité de Cyril, selon la conception d'Hannah Arendt ou refuser une autorité extérieure que condamne G. Mendel ? Qui peut se prévaloir de la bonne réponse ? Le conflit au Kosovo ne plonge-t-il pas la communauté internationale dans les mêmes interrogations ?

"La démocratie est une société qui accueille en son sein les différences, elle accepte les différences, elle accepte les divisions comme créatrices de l'espace du débat. Elle consent à un certain inachèvement"[100]. Loin de vouloir fournir des réponses à des phénomènes complexes, le conseil aura permis tout d'abord à Sophie d'évacuer une tension en la portant aux yeux du groupe. De plus, cette stratégie permet peut-être d'éviter d'autres situations de ce genre en montrant, une fois de plus que le dialogue peut éviter la violence. Mais surtout, à partir d'un incident minime, les enfants auront été plongés dans des discussions faisant naître des avis divergents mais tous respectables, jetant ainsi les bases d'un dialogue où la pluralité des points de vue n'engendre aucune violence, même symbolique. A ces moments, le conseil se laïcise dans le sens où il devient *"une pédagogie des droits de l'homme qui favorise toutes les dimensions de la pensée,*

---

[100] G. Coq, *"Laïcité et République"*, p. 165.

qu'elles soient éthiques, symboliques ou purement rationnelles"[101].

Dans les semaines qui suivent, l'actualité nous incite à évoquer l'actualité internationale relative au Kosovo, les incertitudes de la population française sur la validité d'une intervention extérieure. Le parallèle avec ce qu'ils ont vécu en classe leur en facilite l'accès. Les ateliers d'écriture qui suivent sont productifs. Et ce qui me frappe dans les écrits des enfants ces deux derniers mois, c'est leur capacité à percevoir le réel, à l'analyser, et peut-être à s'en distancier en le transformant à leur convenance. L'écrit peut alors être un exutoire. Leurs textes, vrais ou faux, ou les deux à la fois, remplissent une fonction de miroir déformant dans lequel ils projettent leur perception du réel, en le caricaturant pour mieux en rire. Ces deux exemples n'en sont-ils pas la preuve ?

---

[101] J. Costa-Lascoux, "*Les trois âges de la laïcité*", p. 121.

HISTOIRE VRAIE

Hier, je suis parti à Las Vegas. J'ai gagné des milliards et des milliards de dollars. Je me suis acheté l'Empire State Building. Peu après, j'ai changé de ville, j'ai été à Washington, je me suis incrusté à la Maison Blanche où j'ai fait un petit poker avec mon pote Bill (Clinton). Je lui ai plumé tout son fric et tous ses habits, il était nu comme un ver. Je lui ai dit:

"- Je te rends tous tes habits à condition que tu me lèches mes chaussures : NIKE, ADIDAS, FILA, REEBOOK... pendant un an six fois par semaine.

J'ai ajouté d'un ton franc :

- Ton fric, n'y compte plus."

Plus tard, je suis retourné en France, à Paris, avec mon super jet privé, j'ai acheté la Tour Eiffel et j'ai dormi dessus. Le lendemain, je suis allé en Serbie, et j'ai discuté avec mon ennemi "MILO" pour qu'il arrête ses enfantillages. Celui-ci n'a rien voulu écouter alors j'ai appelé mon garde du corps (Mike Tyson), il lui a foutu une de ces raclées qu'il s'est retrouvé à chialer sous les jupes de sa mère.
Est-ce que vous croyez ce mensonge ?

Iman et Cyril

Les hommes en noir.

Aujourd'hui, ma mère m'a demandé d'aller faire les courses. Sur le chemin, je rencontrai une amie. Elle courut vers moi en me criant :

- Enzo, Enzo ! Ne va pas au marché, dit-elle toute affolée, il a été cambriolé, ils sont des milliers, ils sont armés !
- Calme-toi, Margarita, viens, rentrons !

Nous passâmes près d'une maison quand tout à coup, la fenêtre qui était juste au-dessus de nous se brisa. Nous eûmes à peine le temps de nous cacher qu'un homme tout vêtu de noir descendit de la fenêtre. Nous tournâmes la tête et nous vîmes effectivement des milliers d'hommes comme le précédent. Nous courûmes de bâtisse en bâtisse. Nous arrivâmes à la maison.

- Viens Margarita, rentrons vite.

Un grincement sourd se fit entendre. Nous rentrâmes dans la maison.

- Attends-moi là, fis-je à mon amie... AAhhh ! !

Margarita accourut. Elle me vit fondre en larmes, à genoux, auprès de ma mère qui venait de se faire égorger.

La guerre venait de commencer.

Mathilde

Chapitre 12.
UNE EDUCATION AU TRAVAIL.

Organiser le travail.

"C'est l'introduction de nouvelles techniques de travail qui permet de passer du regroupement d'élèves au groupe coopératif. Celles-ci apportent des moyens de travail en commun, mettent à jour des conflits, des accords, facilitent l'expression et l'éclosion de projets, parfois contradictoires. Une régulation s'impose. Le maître refusant de l'exercer et se tournant vers le groupe, celui-ci devient, à certains moments, lieu d'organisation, de contrôle, de bilan et d'analyse"[102]

Depuis quinze jours, la classe travaille sur l'assimilation des plantes non chlorophylliennes. Nous avons fait pousser des champignons, et à partir d'hypothèses sur les facteurs susceptibles d'influencer le développement de ces plantes, nous isolons des paramètres par méthode comparative. En gros, nous nageons en pleine démarche scientifique. La classe s'est répartie le travail, chaque groupe ayant la charge d'une expérimentation, il doit produire un panneau aussi précis que possible, en vue de la réalisation d'un album. Cet album sera échangé avec une classe de correspondants qui elle, travaille sur les plantes chlorophylliennes. L'enjeu est de taille puisque nous avons rendez-vous dans quinze jours. Contraintes de temps et honneur du travail bien fait sont à l'ordre du jour.

Travailler en groupe.

Le travail en groupe n'est pas un artifice pédagogique, il a même été le credo de mes professeurs d'école normale.

---

[102] *Perspective d'éducation populaire*, p. 108.

Par contre, à l'époque, j'étais bien incapable d'en justifier les vertus. "Il faut faire travailler les enfants en groupe, c'est de la socialisation". Alors, impossible de concevoir une séquence d'apprentissage sans une phase de travail en groupe. Plus tard, la pédagogie différenciée justifiera les groupements d'élèves par le fait qu'ils installent un conflit sociocognitif. Puis ce sera l'avènement des groupes de niveau, groupes de besoins, poussant la délicatesse jusqu'aux groupes de découverte, groupes de confrontation, groupes d'assimilation... Faisant ainsi le bonheur des didacticiens déguisés en pédagogues. Mais si effectivement le travail en groupes permet des apprentissages cognitifs, il reste aussi un formidable outil d'apprentissage à la citoyenneté, dans le sens ou d'une part il diminue l'importance du cours magistral à *"dimension fonctionnelle et narcissique"* [103] qui confine l'enseignant dans une situation monacale, et d'autre part il renforce l'esprit coopératif puisque *"le respect de l'autre est primordial dans le travail en groupe car il favorise l'estime de soi. Ce fonctionnement aide à l'intégration de chacun par la reconnaissance de ses capacités. Plus impliqués dans les décisions, les enfants renforcent leur sentiment d'appartenance à l'espace social que constitue la classe."*[104]

Des difficultés à s'organiser.

Conseil coopé. du 12 mars.
Animateur : Patrick. Secrétaire : Thomas.

<u>Patrick</u> : *On passe à "Je n'ai pas aimé". Il y a une plainte de toute la classe qu'a pas aimé Cyril, Corentin, Florent et Paul. Vous avez pas arrêté de déranger tout le monde pendant qu'on faisait les champignons.*

---

[103] P. Meirieu, in *Cahiers pédagogiques n° 356*, p. 11.
[104] M. Mason, Id., p. 29.

Corentin : On n'a pas eu le choix du travail. On a râlé parce qu'on avait fini et on ne savait pas quoi faire. On s'est fait disputer, c'est pas juste.

Florent : On est monté en informatique pour scanner des photos. Après on s'ennuyait.

Paul : Moi c'est pareil.

Thomas : On s'est disputé parce qu'on n'avait pas assez de travail.

Julien : Ils se sont disputés pour des dessins et ils n'ont presque rien fait.

Ophélie : Vous n'avez pas arrêté de faire du bruit.

Rémi : Un responsable du travail devait répartir les rôles dans le groupe. Les autres groupes ils se sont bien entendus.

Mathilde : Vous êtes le seul groupe à vous être battus. Tout le monde s'organisait bien sauf vous.

Iman : Ils se chamaillaient tous pour faire les dessins. Dominique leur a réparti le travail, du coup, Paul n'a rien fait.

Florent : Tout le monde voulait faire les dessins, personne n'a fait le texte et les photos.

Sophie : Au lieu de vous chamailler, vous n'aviez qu'à alterner. Vous avez perdu du temps. Il nous reste qu'une séance.

(...)

Un projet fédérateur.

La classe s'est rassemblée autour du projet. Chaque individu, chaque groupe s'est mis au service du collectif. Engagés dans une logique de production, ils se sont répartis les tâches, sacrifiant parfois librement et volontairement des envies afin de voir le travail aboutir. Mais d'une logique de production ouvrant sur des apprentissages d'ordre scientifique, ils ont appris à s'organiser, à gérer des compromis, à accepter l'autre et entrer également dans une logique d'apprentissage social. Dépassant le "mieux vivre ensemble", ils accèdent au "mieux travailler ensemble". D'ailleurs Rémi le fait remarquer à la classe : les autres groupes se sont bien entendus. Les autres, mais pas celui-là. Ailleurs, dans un contexte excluant ces modes de régulation du travail, leur improductivité serait peut-être passée à la trappe. Mais ici, pas question, et ce n'est pas sur une injonction de l'adulte, mais de leurs pairs que les remarques tombent. Et puis, pas question d'y échapper. Il reste une séance, fait remarquer Sophie, alors organisez-vous et apportez votre pierre à l'édifice.

Des "tas de sable" de début d'année, où chacun y allait de son couplet sur ses petits malheurs personnels, les enfants ont investi le conseil et ses rubriques pour le mettre au service des projets de la classe. Ainsi, "Je n'ai pas aimé" devient le lieu ou le travail se négocie, s'organise, s'évalue pour la réussite de tous. *"Un travail qui impose donc une discipline qui favorise la réflexion et l'accession à l'autonomie"*[105].

---

[105] P. Canivez, *"Eduquer le citoyen ?"*, p. 35.

Chapitre 13.
MAITRE EN DIFFICULTE.

Le grand-père de Camille.

Ateliers d'écriture : correspondance, poèmes, écrits sociaux, textes libres, corrections, mises au propre, traitement de texte alimentent cet atelier. Seuls ou par deux, ils sont disséminés un peu partout dans la classe, à écrire, à réfléchir à ce qu'ils écrivent, à discuter ce qu'ils pourraient écrire. Assis à ma table, je reçois ceux qui demandent une correction. Camille m'amène son cahier de premiers jets. Surprise et étonnement doivent me faire faire une drôle de tête. Voici ce que je lis :

NE ME PARLEZ PAS DE MON
GRAND-PERE !

Mon grand-père, c'est un salaud !
Je ne l'aime pas. En plus, il n'est même pas capable de dire une phrase sans dire de gros mots. Et puis il ne me regarde jamais, sauf pour me jeter un regard noir. Quand il me parle, c'est pour me faire une remarque ou pour me disputer. Tenez, l'autre jour il m'a dit :

"- Qu'est-ce que c'est que cette horreur que tu portes là ?

- Mais c'est à la mode. C'est un pantalon patte d'F. Patte d'éléphant quoi !"

Maintenant, vous comprenez pourquoi je le déteste. Ma mère, elle l'aime bien. C'est normal, c'est son père.
Et vous savez, quand il parle à mon père, il lui en fait voir de toutes les couleurs.
Mais bon, c'est quand même le père de ma mère et mon grand-père à moi.

Le moins qu'on puisse dire, c'est que le texte n'est pas vide de sens. Il est habité, et même bien puisqu'une injure y figure en première ligne. On dirait communément de Camille qu'elle est une petite fille sage, bien élevée, d'un milieu social normalement favorisé. J'ai de bons contacts avec ses parents, ma surprise est d'autant plus grande. J'invite Camille à remplacer le mot "salaud" qui est trop injurieux et j'en reste là, en me disant que ce texte n'ira pas plus loin.

Une semaine après. Lecture des textes. L'animateur de semaine a relevé les noms des enfants qui ont des textes à lire. Il invite chacun d'eux à présenter son texte, puis, en fin de séance, récapitule les titres et fait choisir, par vote, ceux qui alimenteront le prochain journal. Camille présente son texte qu'elle commence ainsi : "Mon grand-père, je ne l'aime pas...". Et comme je le craignais, le texte remporte l'unanimité. Je décide d'intervenir dans leur choix.

Dom : *Vous ne trouvez pas que le texte est un peu "dur" pour le grand-père de Camille ?*

Iman : *(s'adressant à Camille) C'est un texte inventé ou une histoire vraie ?*

Camille : *C'est un texte inventé.*

Cyril : *Et ben, on peut le laisser puisque c'est inventé !*

Dom : *Mais que va penser le grand-père de Camille quand il lira le texte ?*

Ophélie : *On n'a qu'à écrire que c'est une histoire inventée, comme ça y'aura pas de problème.*

<u>Dom</u> : *Je préférerais que ce texte n'aille pas dans le journal. Camille, que diront tes parents quand ils liront le texte ?*
<u>Camille</u> : *C'est inventé, ça ne fait rien. (...)*

La discussion tourne en rond, ils ne veulent pas céder, font bloc contre mon avis. Je suis perturbé, il est impossible de laisser ce texte à la publication, mais Camille a l'air d'y tenir et elle a le soutien de la classe. Me voilà bien seul face à l'adversité. Je décide d'appeler les parents de Camille, quitte à mettre mon nez dans des histoires de famille. Le soir, j'ai sa maman au bout du fil. Elle a déjà été informée de l'histoire par sa fille, elle a lu le texte et m'annonce :

« *- Je tiens à vous rassurer, malheureusement, Camille n'a plus de grand-père depuis trois ans, mais je comprends votre embarras. Nous avons discuté avec Camille en lui expliquant que sa grand-mère serait peut-être peinée. Il est tout de même préférable que ce texte ne paraisse pas...* »

A qui le pouvoir ?

Le lendemain, j'annonce à la classe que le texte ne peut pas paraître et, qu'avec l'avis des parents de Camille, je m'oppose à sa parution. Camille a les yeux embués et me jette des regards noirs, les autres n'en pensent pas moins. Pourquoi tiennent-ils tant à ce texte ? Où peut-être est-ce devenu un jeu d'opposition inconscient dans lequel ils souhaitent me tester ? Tester jusqu'où je suis capable de leur laisser le pouvoir ? J'ai l'impression d'être pris en otage par la classe qui fait bloc contre moi. Serait-ce un problème de norme ? Les normes, nous dit M. Postic, *"fixent , dans la classe, les modalités fonctionnelles des communications, les procédures d'intervention, de travail, les formes de participation des élèves, les façons d'exprimer les opinions et les sentiments"* et explique un peu plus loin que lorsqu'elles sont élaborées par le groupe lui-même, l'enseignant est amené à respecter certaines règles et que *"si un clivage s'est créé entre l'enseignant et ses élèves, ceux-ci créent parfois des normes pour exercer une pression sur lui, par des formes de protestation, de révolte, et pour l'amener à revoir ses conceptions"*[106]

Alors soit ! La situation est telle qu'elle ne peut que s'envenimer, car ils ne céderont pas, et d'un autre côté, céder serait jeter le discrédit sur Camille. Il ne me reste plus qu'à contourner l'obstacle. Je leur propose alors de trouver des solutions pour modifier le texte. Travail grammatical sur les substituts. Si on change le mot "grand-père" par un autre personnage, quels sont les mots qui vont changer dans le texte ? Un travail par groupes permettra d'identifier déterminants, pronoms qui peuvent se substituer au nom, et d'en repérer les incidences : accords sujet/verbe - nom/adjectif. De ce travail en ateliers d'écriture naîtront des productions qui lues à la classe, modifieront leur relation à ce texte qui paraîtra dans le journal sous une autre forme.

Une issue didactique.

L'honneur est sauf, et pour tout le monde. Camille est satisfaite puisque sa production paraît dans le journal, la classe n'a pas eu l'impression d'avoir été flouée dans son pouvoir de décision et j'ai évité un conflit avec la classe. Cependant, il a fallu cette fois-ci tricher. Tout s'est fait hors conseil, hors institution, et c'est un recours à une situation didactique qui me permet de contourner l'obstacle. Le

---

[106] M. Postic, *"La relation éducative"*, p. 153 et 155.

recours à l'autorité du groupe n'a pas fonctionné, ce qui prouve bien que la classe souveraine de part en part est un leurre, et peut même parfois devenir un danger. Inconscients des incidents qu'ils auraient pu engendrer en diffusant ce texte, il a fallu tricher. C'est certainement ce genre de situation qui fait dire à P. Canivez qu'il faut éduquer le citoyen, et aux instructions officielles qu' *"on naît citoyen, on devient citoyen éclairé"* [107] dans le sens l'éducation à la citoyenneté est une éducation à la liberté, une liberté qui se conquiert, par la médiation de l'adulte, détenteur d'une certaine autorité.

---

[107] Les cycles à l'école primaire, 1991. p. 118.

NE ME PARLEZ PAS DE MON CHIEN

Mon chien, qu'il est méchant !
Je ne l'aime pas. En plus, il n'est même pas capable de dire une phrase sans dire de gros mots. Et puis il ne me regarde jamais, sauf pour me jeter un regard noir. Quand il me parle, c'est pour me faire une remarque ou pour me disputer. Tenez, l'autre jour il m'a dit :

"- Qu'est-ce que c'est que cette horreur que tu portes là ?

- Mais c'est à la mode. C'est un pantalon patte d'F. Patte d'éléphant quoi !"

Maintenant, vous comprenez pourquoi je le déteste. Ma mère, elle l'aime bien. C'est normal, c'est son chien.
Et vous savez, quand il parle à mon père, il lui en fait voir de toutes les couleurs.
Mais bon, c'est quand même le chien de ma mère !

NE ME PARLEZ PLUS DE MA MAITRESSE

Ma maîtresse, qu'elle est méchante !
Je ne l'aime pas. En plus, elle n'est même pas capable de dire une phrase sans dire de gros mots. Et puis elle ne me regarde jamais, sauf pour me jeter un regard noir. Quand elle me parle, c'est pour me faire une remarque ou pour me disputer. Tenez, l'autre jour elle m'a dit :

"- Qu'est-ce que c'est que cette horreur que tu portes là ?

- Mais c'est à la mode. C'est un pantalon patte d'F. Patte d'éléphant quoi !"

Maintenant, vous comprenez pourquoi je la déteste. Ma mère, elle l'aime bien. C'est normal, c'est sa collègue.
Et vous savez, quand elle parle à la directrice, elle lui en fait voir de toutes les couleurs.
Mais bon, c'est quand même la collègue de ma mère et ma maîtresse à moi.

Chapitre 14.
EN CONCLUSION.

L'éducation à la citoyenneté est l'une des missions affirmées de l'école qui joue un rôle incontestable dans la construction de la nation. L'objectif est donc de permettre aux enfants de se construire personnellement des valeurs et des idéaux en phase avec celles de la république et de la démocratie. Il s'agit cependant d'une construction par libre adhésion de son être à des valeurs qu'il doit saisir, interroger et recréer. Une éducation à la citoyenneté semble pouvoir s'envisager selon quatre axes distincts :

<u>1. La culture.</u>
Le constat pluriculturaliste accepté au sein de l'école, générateur d'une culture du conflit, source du dialogue, permet d'exercer la pensée critique, la capacité de jugement. Echappant ainsi à la perception restrictive de ses opinions, l'enfant peut accéder à une conception d'ensemble plus proche du groupe dans lequel il vit, et donc s'ouvrir à l'autre. Et il s'agit bien ici de savoirs d'altérité ; de ces savoirs où il convient non pas de convertir l'autre, mais plutôt de créer un espace où chacun puisse se construire selon sa propre singularité. Ainsi, l'école publique soutenue par les valeurs laïques, permettant l'échange, le brassage des cultures crée un espace commun qui offre une alternative à l'individualisme et au communautarisme ambiant.

<u>2. Les valeurs.</u>
« Il n'y a plus de valeurs ! » entend-on communément. Il semble plutôt que la société croule sous un éclatement de valeurs, donnant l'impression de dilution. Dilution générée en partie par le communautarisme naissant. Il semble que la coopération, l'entraide, la mutualisation, l'altruisme et de façon plus générale la référence aux droits de l'Homme peuvent être des valeurs reconnues et partagées

par tous les pays épris de démocratie. La libre adhésion à ces valeurs communes, l'intériorisation de ces valeurs, leur reconstruction dans le quotidien de la classe permet un apprentissage du mieux vivre ensemble.

3. Le politique.

L'exercice de responsabilités au sein du groupe, le travail de la prise de parole, le travail d'interrogation et de construction de la loi permet à tous les enfants de s'essayer à une citoyenneté participative. En effet, la structure coopérative permettant la rotation des tâches évite ainsi la création d'élites citoyennes, invite à inventer d'autres formes d'organisation démocratique. Loin de vouloir reproduire le modèle républicain en vigueur, cette interrogation permanente des institutions de la classe ouvre l'enfant vers une formidable éducation au politique dans le sens où il agit pleinement sur son espace pour améliorer le vivre ensemble.

4. L'instruction.

La réflexion, le travail sur les institutions de la classe n'exclut pas l'étude et la connaissance des institutions de l'Etat. S'il ne suffit pas de connaître les institutions de l'Etat pour faire un bon citoyen, croiser l'expérience vécue en classe avec l'histoire de France, l'histoire de ses institutions, l'histoire des hommes qui ont bâti notre pays permet de mieux en saisir la richesse et la complexité. Et c'est peut être de ce va et vient entre la vie de la classe et la connaissance de notre organisation politique que naîtra le sentiment d'appartenance.

Le travail sur ces quatre axes n'est possible qu'à la condition de les penser ensemble, dans leur complexité. Les pédagogies coopératives, de par leurs structures et de par les outils qu'elles proposent semblent favoriser cette construction citoyenne. La classe coopérative est un espace ouvert, avec des institutions que les enfants infiltrent, pénètrent, occupent, habitent pour en prendre pleinement possession. Espace anomique en septembre, les enfants vont apprendre à mieux vivre ensemble en s'ouvrant à des cultures, à une histoire, en reconstruisant des valeurs par l'expérience concrète, en s'exerçant au travail politique par l'exercice de la responsabilisation. Le choix d'une pédagogie coopérative n'est pas simple. Il nécessite un engagement, un choix éthique qui met souvent en péril, qui expose à la déstabilisation car il incite à une redéfinition du statut de l'adulte dans la classe et un partage du pouvoir. Cependant, ce partage si délicat et si fragile du pouvoir permet à la classe de protéger chacun du libre-arbitre, de la toute puissance de l'adulte, de la loi du chacun pour soi. Ainsi, par le jeu subtil de l'individu impliqué dans la vie du groupe, chaque enfant peut exercer une citoyenneté participative et devenir un citoyen éclairé.

BIBLIOGRAPHIE

Ouvrages :

ARENDT Hannah, La crise de la culture.
Folio essais, 1954, 380 p.

CANIVEZ Patrice, Eduquer le citoyen.
Optiques philosophie, Hatier, 1995, 159 p.

CHOUVIER Bernard, Militance et inconscient.
P.U. Lyon,

CONSTANT Fred, la citoyenneté.
Clefs politiques, Montchrestien, 1998. 150 p.

COQ Guy, Laïcité et république, le lien nécessaire.
Editions du Félin, 1995. 330 p.

COSTA-LASCOUX Jacqueline, Les trois âges de la laïcité.
Questions de politique, Hachette, 1996. 140 p.

CREMIEUX Colette, La citoyenneté à l'école.
Ecole et société, Syros, 1998. 200 p.

DEFRANCE Bernard, Sanctions et discipline à l'école.
L'école de parents, Syros, 1993. 162 p.

FREINET Célestin, Le journal scolaire.
Editions de l'école moderne française, 1967. 121 p.

FREINET Célestin, Conseils aux jeunes.
Bibliothèque de l'école moderne, 1969. 174 p.

HOUSSAYE Jean, Les valeurs à l'école.
Pédagogie d'aujourd'hui, P.U.F., 1992. 328 p.

HOUSSAYE Jean, Autorité ou éducation.
Collection pédagogies, E.S.F., 1996. 190 p.

IMBERT Francis, Médiations, institutions et loi dans la classe.
Collection pédagogies, E.S.F., 1994. 131 p.

LAFITTE René, Une journée dans une classe coopérative.
Contre-poisons, Syros, 1985. 202 p.

LE GAL Jean, Coopérer pour développer la citoyenneté.
Questions d'école, Hatier, 1999. 79 p.

LE GAL Jean, Les droits de l'enfant à l'école.
Comprendre, De Boeck & Belin, 2002, 214 p.

MENDEL Gérard, Pour décoloniser l'enfant.
Petit bibliothèque Payot, 1971. 320 p.

OURY Fernand, VASQUEZ Aïda,
De la classe coopérative à la pédagogie institutionnelle.
Fondations, Maspero, 1971. T1, 512 p.

OURY Fernand, VASQUEZ Aïda, Vers une pédagogie institutionnelle ?
Fondations, Maspero, 1967. 288 p.

POCHET Catherine, OURY Fernand, Qui c'est l'conseil ?
Matrice, 1997. 428 p.

POSTIC Marcel, La relation éducative.
Pédagogie d'aujourd'hui, P.U.F., 1979. 310 p.

PRAIRAT Eirick, La sanction.
Forum de l'IFRAS, l'Harmattan, 1997. 136 p.

REBOUL Olivier, Les valeurs de l'éducation. Premier cycle, P.U.F., 1992. 249 p.

Collectif I.C.E.M. Pédagogie Freinet, Perspectives d'éducation populaire. Petite collection Maspero, 1979. 271 p.

Revues :

Animation et éducation n° 136. Janvier/février 1997.
Animation et éducation n° 141. Novembre/décembre 1997.
Animation et éducation n° 143. Mars/avril 1998.
Animation et éducation n° 144. Mai/juin 1998.

Cahiers pédagogiques n° 340, Eduquer à la citoyenneté. Janvier 1996.
Cahiers pédagogiques n° 347, La pédagogie coopérative. Octobre 1996.
Cahiers pédagogiques n° 356, Le travail de groupe. Septembre 1997.

Le Nouvel Educateur n° 95. Janvier 1998.
Le Nouvel Educateur n° 97. Mars 1998.
Le Nouvel Educateur n° 105. Janvier 1999.

Textes officiels :

- Bulletin officiel de l'éducation nationale. Numéro 11, hors-série. 15-10-1998.
  Lutte contre la violence en milieu scolaire et renforcement des partenariats.

- Bulletin officiel de l'éducation nationale.
  Numéro 1. 1-01-1998.
  Initiatives citoyennes, apprendre à vivre ensemble.

- Les cycles à l'école primaire.
  Ministère de l'éducation nationale de la jeunesse et des sports. Direction des écoles. C.N.D.P. Hachette. 1991.

648182 - Avril 2016
Achevé d'imprimer par